○全民阅读·经典小丛书○

徐霞客游记

[明]徐弘祖◎著　冯慧娟◎编

吉林出版集团股份有限公司

版权所有　侵权必究

图书在版编目（CIP）数据

徐霞客游记/（明）徐弘祖著；冯慧娟编. —长春：吉林出版集团股份有限公司，2015.6（2025.5重印）
（全民阅读.经典小丛书）
ISBN 978-7-5534-7765-7

Ⅰ.①徐… Ⅱ.①徐… ②冯… Ⅲ.①游记–中国–明代②历史地理–中国 Ⅳ.①K928.9

中国版本图书馆 CIP 数据核字 (2015) 第 128350 号

XU XIAKE YOUJI

徐霞客游记

［明］徐弘祖　著　冯慧娟　编

出版策划：	崔文辉
选题策划：	冯子龙
责任编辑：	刘　洋
排　　版：	新华智品
出　　版：	吉林出版集团股份有限公司
	（长春市福祉大路5788号，邮政编码：130118）
发　　行：	吉林出版集团译文图书经营有限公司
	（http://shop34896900.taobao.com）
电　　话：	总编办 0431-81629909　　营销部 0431-81629880 / 81629881
印　　刷：	北京一鑫印务有限责任公司
开　　本：	640mm × 940mm 1/16
印　　张：	10
字　　数：	130 千字
版　　次：	2015 年 10 月第 1 版
印　　次：	2025 年 5 月第 6 次印刷
书　　号：	ISBN 978-7-5534-7765-7
定　　价：	45.00 元

印装错误请与承印厂联系　　电话：010-61424266

徐霞客(1587—1641),名弘祖,字振之,江苏江阴人,是明代著名的地理学家、旅行家和文学家。

《徐霞客游记》是一部以日记体为主的地理名著,内容主要是徐霞客在1613—1639年游历中国各地期间的旅行观察所得。这部书在地理学和文学上的成就颇高,其中地理学的成就主要有:纠正了历代文献中关于水道源流的一些错误记录;描绘了喀斯特地貌,并深入探讨其成因,在喀斯特地貌研究方面取得开创性成果;记载了诸多植物的生态品种等。文学方面的成就主要有:写景状物,笔触精细且手法丰富,给人一种身临其境之感;记事朴实,生活感十足;情感细腻丰富,抒情自然,与景物描写浑然天成。总之,这部游记在记景、叙事和抒情等方面都达到了很高的水平,具有很高的艺术性和审美价值。

徐霞客自幼喜欢读历史和地理方面的奇书,对"四书五经"等所谓正经书籍不甚感兴趣,他22岁开始出门远游,足迹遍布祖国的山川湖泊。他将对祖国山川的热爱与自我提升、自我超越的欲求完美地结合起来,并身体力行,勇敢地去实践和体验,直到生命的结束。徐霞客身上具有的挑战自我、挑战极限、热爱生命、热爱大自然的精神,如今看来仍具有很强的时代感。时下中国,旅游已成为一种潮流,大批背包客和旅友在旅游的路途上不断超越前人,他们体验自然、感悟人生、开阔眼界、找寻自我和生命的真谛,从某种程度上说,这正是"徐霞客精神"的体现。

虽然并不是每个人都有机会去实践这种精神,但我们却可以通过阅读来体会它。因此,编者特意辑了这本《徐霞客游记》,阅读这本游记中的经典之作,读者可以获得审美和知识上的双重收获。

目录

游天台山日记…………………………〇〇一

游雁宕山日记…………………………〇〇九

游白岳山日记…………………………〇一五

游黄山日记……………………………〇二〇

游武彝山日记…………………………〇二八

游庐山日记……………………………〇三六

游黄山日记（后）……………………〇四五

游九鲤湖日记…………………………〇五〇

游嵩山日记……………………………〇五七

游太华山日记…………………………〇六八

游太和山日记…………………………〇七四

闽游日记………………………………〇八一

游天台山日记（后）…………………〇九〇

游雁宕山日记（后）…………………〇九八

游五台山日记…………………………一〇八

游恒山日记……………………………一一三

浙游日记………………………………一一八

江右游日记……………………………一四一

徐霞客游记

游天台山日记

【释题】

天台山，在今浙江天台县北，有华顶、赤城、琼台、桃源、寒岩等名景，其中以石梁飞瀑最为著名。

该记先略叙一路风光美景，再着重记叙登华顶峰和观断桥、珠帘瀑布，对华顶峰景色以及草木异状亦有一定描绘。其中，作者对断桥、珠帘之水的描写则尤为细致，对水石交映、潭深水急之势颇有重笔。另外，明岩石洞之阔大、洞外石壁高耸之奇也写得气势非凡。其后，作者还对寒岩、鸣玉涧、琼台等各景也一一进行描绘。

此为徐霞客初游天台山时所记，时间是1613年，1632年他再次游览此山并另作一记。该记基本上反映了天台山的全貌，其语言清新朴素，精练准确，从此篇我们可以看出徐霞客游记的基本风格。

【原文】

癸丑（1613年）之三月晦①。

自宁海出西门。云散日朗，人意山光，俱有喜态。三十里，至梁隍山。闻此於菟②夹道，月伤数十人，遂止宿。

【注释】

①晦：每月最末一天为晦。
②於菟：即老虎。

【原文】

　　四月初一日　早雨。行十五里，路有歧，马首西向台山，天色渐霁。又十里，抵松门岭，山峻路滑，舍骑步行。自奉化来，虽越岭数重，皆循山麓。至此迂回临陟，俱在山脊。而雨后新霁，泉声山色，往复创变，翠丛中山鹃映发，令人攀历忘苦。又十五里，饭于筋竹庵。山顶随处种麦。从筋竹岭南行，则向国清大路。适有国清僧云峰同饭，言："此抵石梁，山险路长，行李不便，不若以轻装往，而重担向国清相待。"余然之，令担夫随云峰往国清，余与莲舟上人①就石梁道。行五里，过筋竹岭。岭旁多短松，老干屈曲，根叶苍秀，俱吾阊门盆中物也。又三十余里，抵弥陀庵。上下高岭，深山荒寂②，恐藏虎，故草木俱焚去。泉轰风动，路绝旅人。庵在万山坳中，路荒且长，适当其半，可饭可宿。

【注释】

①上人：对僧人的尊称。

②恐藏虎，故草木俱焚去。

【原文】

　　初二日　饭后，雨始止。遂越潦①攀岭，溪石渐幽，二十里，暮抵天封寺。卧念晨上峰顶，以朗霁为缘，盖连日晚霁，并无晓晴。及五更梦中，闻明星满天，喜不成寐。

【注释】

①潦：积水。

【原文】

初三日　晨起，果日光烨烨①，决策向顶。上数里，至华顶庵。又三里，将近顶，为太白堂②，俱无可观。闻堂左下有黄经洞③，乃从小径。二里，俯见一突石，颇觉秀蔚。至则一发僧结庵于前，恐风自洞来，以石甃塞其门，大为叹惋。复上至太白，循路登绝顶。荒草靡靡，山高风冽，草上结霜高寸许，而四山回映，琪花玉树，玲珑弥望。岭角山花盛开，顶上反不吐色，盖为高寒所勒限制耳。

仍下华顶庵，过池边小桥，越三岭。溪回山合，木石森丽，一转一奇，殊慊④所望。二十里，过上方广，至石梁，礼佛昙花亭，不暇细观飞瀑。下至下方广，仰视石梁飞瀑，忽在天际。闻断桥、珠帘尤胜，僧言饭后行，犹及往返，遂由仙筏桥向山后。越一岭，沿涧八九里，水瀑从石门泻下，旋转三曲。上层为断桥，两石斜合，水碎迸石间，汇转入潭；中层两石对峙如门，水为门束，势甚怒；下层潭口颇阔，泻处如阈，水从坳中斜下。三级俱高数丈，各级神奇，但循级而下，宛转处为曲所遮，不能一望尽收，又里许，为珠帘水，水倾下处甚平阔，其势散缓，滔滔汩汩。余赤足跳草莽中，揉木缘崖，莲舟不能从。暝色四下，始返。停足仙筏桥，观石梁卧虹，飞瀑喷雪，几不欲卧。

【注释】

①烨烨：原指火燃极旺，此指日炽。

②太白堂：相传为李白读书之地。

③黄经洞：据传王羲之写的《黄庭经》藏于此地，故名。

④慊：满足。

【原文】

初四日 天山一碧如黛。不暇晨餐，即循仙筏上昙花亭，石梁即在亭外。梁阔尺余，长三丈，架两山坳间。两飞瀑从亭左来，至桥乃合以下坠，雷轰河隤①。余从梁上行，下瞰深潭，毛骨俱悚。梁尽，即为大石所隔，不能达前山，乃还。过昙花，入上方广寺。循寺前溪，复至隔山大石上，坐观石梁。为下寺僧促饭，乃去。饭后，十五里，抵万年寺，登藏经阁。阁两重，有南北经两藏。寺前后多古杉，悉三人围，鹤巢于上，传声嘹呖②，亦山中一清响也。是日，余欲向桐柏宫，觅琼台、双阙，路多迷津，遂谋向国清。国清去万年四十里，中过龙王堂。每下一岭，余谓已在平地，及下数重，势犹未止，始悟华顶之高，去天非远。日暮，入国清，与云峰相见，如遇故知，与商探奇次第。云峰言："名胜无如两岩，虽远，可以骑行。先两岩而后步至桃源，抵桐柏，则翠城、赤城，可一览收矣。"

【注释】

①隤：原意为垮塌，此处指河水奔流不止。
②嘹呖：声音响亮而清远。

【原文】

初五日 有雨色，不顾，取寒、明两岩道，由寺①向西门觅骑。骑至，雨亦至。五十里至步头，雨止，骑去。二里，入山，峰索水映，木秀石奇，意甚乐之。一溪从东阳来，势甚急，大若曹娥。四顾无筏，负奴背而涉。深过于膝，移渡一涧，几一时。三里，至明岩。明岩为寒山、拾得隐身地，两山回曲，《志》所谓八寸关也。入关，则四周峭壁如城。最后，洞深数丈，广容数百人。洞外，左有两岩，皆在半壁。右

骑行

有石笋突耸，上齐石壁，相去一线，青松紫蕊，翁苁②于上，恰与左岩相对，可称奇绝。出八寸关，复上一岩，亦左向。来时仰望如一隙，及登其上，明敞容数百人。岩中一井，曰仙人井，浅而不可竭。岩外一特石，高数丈，上岐立如两人，僧指为寒山、拾得云。入寺。饭后云阴溃散，新月在天，人在回崖顶上，对之清光③溢壁。

【注释】

①寺：国清寺。
②翁苁：草木茂盛。
③清光：明亮的月光。

【原文】

初六日 凌晨出寺①，六七里至寒岩。石壁直上如劈，仰视空中，洞穴甚多。岩半有一洞，阔八十步，深百余步，平展明朗。循岩石行，从石隙仰登。岩坳有两石对耸，下分上连，为鹊桥，亦可与方广石梁②争奇，但少飞瀑直下耳。还饭僧舍，觅筏渡一溪。循溪行山下，一带峭壁巉崖，草木盘垂其上，内多海棠紫荆，映荫溪色③，香风来处，玉兰芳草，处处不绝。已至一山嘴，石壁直竖涧底，涧深流驶，旁无余地。壁上凿孔以行，孔中仅容半趾脚，逼身④而过，神魄为动，自寒岩十五里，至步头，从小路向桃源。桃源在护国寺旁，寺已废，土人茫无知者。随云峰莽行曲路中，日已堕，竟无宿处，乃复问至坪头潭。潭去步头仅二十里，今从小路，返迂回三十余里，宿。信桃源误人也。

初七日 自坪头潭行曲路中三十余里，渡溪入山。又四五里，山口渐夹，有馆曰桃花坞。循深潭而行，潭水澄碧，飞泉自上来注，为鸣玉涧。涧随山转，人随涧行。两旁山皆石骨，攒峦夹翠，涉目成赏，大抵胜在寒、明两岩间。涧穷路绝，一瀑从山坳泻下，势甚纵横。出饭馆中，循坞⑤东南行，越两岭，寻所谓"琼台""双阙"，竟无知者。去数里，访知在山顶。与云峰循路攀援，始达其巅。下视峭削环转，一如桃源，而翠壁万丈过之。峰头中断，即为双阙。双阙所夹而环者，即为琼台。台三面绝壁，后转即连双阙。余在对阙，日暮不及复登，然胜风景已一日尽矣。遂下山，从赤城后还国清，凡三十里。

初八日　离国清，从山后五里，登赤城。赤城山顶圆壁特起，望之如城，而石色微赤。岩穴为僧舍凌杂，尽掩天趣。所谓玉京洞、金钱池、洗肠井，俱无甚奇。

桃源

【注释】

①寺：明岩寺。

②方广石梁：位于中方广寺前的瀑布，是天台山最大的瀑布。

③映荫溪色：溪水呈现花的倒影。

④逼身：指将身体紧贴墙壁。

⑤坞：洼。

微信扫码
☑ 拓展视频　☑ 图文资讯
☑ 趣味测评　☑ 阅读分享

游雁宕山日记

【释题】

雁宕山，简称雁山。因其山顶有积水长草之洼地，又传秋时归雁多宿于此，所以此山亦名雁荡山，今多用此名。其山在浙江温州地区，并分为南、中、北三段，北雁荡山面积最大，其中的灵峰、灵岩、大龙湫为雁荡三绝。

该记主要记叙了作者游览北雁荡山一路所见。记中，作者不仅对北雁荡山主要景观——灵峰、灵岩、大龙湫三绝加以详尽描绘，同时也对许多细微奇景，如龙鼻水、老僧岩、独秀峰等，进行了描绘。

该记层次分明，语言生动，尤其对山形水势之细微区别的把握极见功夫。写景亦非单独写景，而是极大地融进观察者的主观感受，读起来倍添真实感，十分具有感染力，特别是十三日、十四日的日记，文字优美，内容丰富，亦景亦情。

【原文】

自初九日别台山，初十日抵黄岩。日已西，出南门三十里，宿于八岙。

十一日　二十里，登盘山岭。望雁山诸峰，芙蓉插天，片片扑人眉宇。又二十里，饭大荆驿。南涉一溪，见西峰上缀圆石，奴辈指为两头陀，余疑即老僧岩，但不甚肖。五里，过章家楼，始见老僧真面目：裂衣秃顶①，宛然兀立，高可百尺。侧又一小童，伛偻于后，向为老僧所掩耳。自章楼二里，山半得石梁洞。洞门东向，门口一梁，自顶斜插于地，如飞虹下垂。由梁侧隙中层级而上，高敞空豁。坐顷之，下山。由右麓逾谢公岭，渡一涧，循涧西行，即灵峰道也。一转，山腋两壁峭立亘天，危峰乱叠，如削如攒，如骈笋，如挺芝，如笔之卓，如幞②之欹③。洞有口如卷幕者，潭有碧如澄靛④者。双鸾、五老⑤，按翼联肩。如此里许，抵灵峰寺。循寺侧登灵峰洞。峰中空，特立寺后，侧有隙可入。由隙历磴数十级，直至窝顶。则宿然平台圆敞，中有罗汉诸像。坐玩至暝色，返寺。

【注释】

①袈衣秃顶：光着头身穿袈裟。

②幞：头巾。

③欹：倾斜。

④靛：青蓝色染料。

⑤双鸾、五老：即斗鸡峰、五老峰。

【原文】

十二日　饭后，从灵峰右趾觅碧霄洞。返旧路，抵谢公岭下。南过响岩，五里，至净名寺①路口。入觅水帘谷，乃两崖相夹，水从崖顶飘下也。山谷五里，至灵岩寺②。绝壁四合，摩天劈地，曲折而入，如另辟一寰界。寺居其中，南向，背向屏霞嶂。嶂③顶齐而色紫，高数百丈，阔亦称之。嶂之最南，左为展旗峰，右为天柱峰。嶂之右胁，介于天柱者，先为龙鼻水。龙鼻之穴，从石罅直上，似灵峰洞而小。穴内石色俱黄紫，独罅口石纹一缕，青绀④润泽，颇有鳞爪之状。自顶贯入洞底，垂下一端如鼻，鼻端孔可容指，水自内滴下注石盆。此嶂右第一奇也。西南为独秀峰⑤，小于天柱，而高锐不相下。独秀之下为卓笔峰⑥，高半独秀，锐亦如之。两峰南坳，轰然下泻者，小龙湫也。隔龙湫与独秀相对者，玉女峰也。顶有春花，宛然插髻，自此过双鸾，即极于天柱⑦。双鸾止两峰并起，峰际有"僧拜石"，袈裟伛偻，肖矣。由嶂之左胁，介于展旗者，先为安禅谷，谷即屏霞之下岩。东南为石屏风，形如屏霞，高阔各得其半，正插屏霞尽处。屏风顶有"蟾蜍石"，与嶂侧"玉龟"相向。屏风南去，展旗侧褶中，有径直上，磴级尽处，石阃⑧限之。俯阃而窥，下临无地，上嵌腔峒。外有二圆穴，侧有一长穴，光自穴中射入，别有一境，是为天聪洞，则嶂左第一奇也。锐峰叠嶂，左右环向，奇巧百出，真天下奇观！而小龙湫下流，经天柱、展旗，桥跨其上，山门临之。桥外含珠岩在天柱之麓，顶珠峰在展旗之上。此又灵岩之外观也。

【注释】

①净名寺：位于雁荡山灵峰南。

②灵岩寺：位于雁荡山灵峰前。

③嶂：高险如屏障的山峰。

④绀：红青色。

⑤独秀峰：位于雁荡山东谷。

⑥卓笔峰：位于独秀峰下方。

⑦天柱：即灵岩寺西的天柱峰。

⑧石阃：状如门槛的石头。

【原文】

十三日　出山门，循麓而右，一路崖壁参差，流霞映彩。高而展者为板嶂岩。岩下危立而尖夹者为小剪刀峰。更前，重岩之上，一峰亭亭插天，为观音岩。岩侧则马鞍岭横亘于前。鸟道①盘折，逾坳右转，溪流汤汤②，涧底石平如砥。沿涧深入，约去灵岩十余里，过常云峰，则大剪刀峰介立涧旁。剪刀之北，重岩陡起，是名连云峰。从此环绕回合，岩穷矣。龙湫③之瀑，轰然下捣潭中，岩势开张峭削，水无所着，腾空飘荡，顿令心目眩怖。潭上有堂，相传为诺讵那④观泉之所。堂后层级直上，有亭翼然。面瀑踞坐久之，下饭庵中，雨廉纤不止⑤，然余已神飞雁湖山顶。遂冒雨至常云峰，由峰半道松洞外，攀绝磴三里，趋白云庵。人空庵圮，一道人在草莽中，见客至，望去。再入一里，有云静庵，乃投宿焉。道人清隐，卧床数十年，尚能与客谈笑。余见四山云雨凄凄，不能不为明晨忧也。

【注释】

①鸟道：形容道路蜿蜒险阻。

②汤汤：水势急的样子。

③湫：瀑布下的潭。

④诺讵那：西域僧人，据传为雁荡山的开山鼻祖。

⑤雨廉纤不止：细雨下个不停。

【原文】

十四日　天忽晴朗，乃强清隐徒为导。清隐谓湖中草满，已成芜田，徒复有他行，但可送至峰顶。余意至顶，湖可坐得，于是人捉一杖，跻攀深草中，一步一喘，数里，始历高巅。四望白云，迷漫一色，平铺峰下。诸峰朵朵，仅露一顶，日光映之，如冰壶瑶界，不辨海陆。然海中玉环一抹，若可俯而拾也。北瞰山坳壁立，内石笋森森，参差不一。三面翠崖环绕，更胜灵岩。但谷幽境绝，惟闻水声潺潺，莫辨何地。望四面峰峦累累，下伏如丘垤①，惟东峰昂然独上，最东之常云犹堪比肩。

导者告退，指湖在西脓一峰，尚须越三尖。余从之，及越一尖，路已绝。再越一尖，而所顶已在天半。自念《志》云："宕在山顶，龙湫之水，即自宕来。"今山势渐下，而上湫之涧却自东高峰发脉，去此已隔二谷。遂返辙而东，望东峰之高者趋之，莲舟疲不能从。由旧路下，余与二奴东越二岭，人迹绝矣。已而山愈高，脊愈狭，两边夹立，如行刀背。又石片棱棱怒起，每过一脊，即一峭峰，皆从刀剑隙中攀援而上。如是者三，但见境不容足，安能容湖？既而高峰尽处，一石如劈，向惧石锋撩人，至是且无锋置足矣！踌躇崖上，不敢复向故道。俯瞰南面石壁下有一级，遂脱奴足布四条，悬崖垂空，先下一奴，余次从之，意可得攀援之路。及下，仅容足，无余地。望岩下阧②，下同深百丈，欲谋复上，而上岩亦嵌空三丈余，不能飞陟③。持布上试，布为突石所勒，忽中断。复续悬之，竭力腾挽，得复登上岩。出险，还云静庵，日已渐西。主仆衣履俱敝，寻湖之兴衰矣。遂别而下，复至龙湫，则积雨之后，怒涛倾注，变幻极势，轰雷喷雪，大倍于昨。坐至暝④始出，南行四里，宿能仁寺。

【注释】

①丘垤：即小土堆。

②阧：同"陡"。

③陟：登。

④暝：日落。

【原文】

　　十五日 寺后觅方竹数握,细如枝。林中新条,大可径寸,柔不中杖①,老柯斩伐殆尽矣!遂从岐度。四十九盘,一路遵海而南,逾窑岙岭,往乐清。

【注释】

①柔不中杖:太柔软,不宜做拐杖。

游白岳山日记

【释题】

徐霞客遍游白岳山（今称齐云山）时，正好是正月，记中记载了他"冒雪蹑水"的旅程。这段不畏艰难的旅程不仅让他得以尽享山色美景，更让他观赏到了"冰花玉树"。

该记对具体景致的记叙不甚详细，此山有36峰、72崖，文中皆无具述。文章语气急促，可见当时作者游历的匆匆及渴望遍游全山的心情。尽管如此，作者对某些胜景，如香炉峰、天门、石桥岩、龙涎泉、龙井等，都有较细致的描绘。想当时天气恶劣，道路艰险，作者仍能如此尽力游览并作记，殊为不易。

【原文】

丙辰岁（1616年），余同浔阳叔翁，于正月二十六日，至徽之休宁。出西门。其溪自祁门县来，经白岳，循县而南，至梅口，会郡溪入浙。循溪而上，二十里，至南渡。过桥，依山麓十里，至岩下已暮。登山五里，借庙中灯，冒雪蹑冰，二里，过天门里许，入榔梅庵。路经天门、珠帘之胜，俱不暇辨，但闻树间冰响铮铮。入庵后，大霰①作，浔阳与奴子俱后，余独卧山房，夜听水声屋溜②，竟不能寐。

【注释】

①大霰：雪珠。
②屋溜：滴水声。

【原文】

二十七日　起视满山，冰花玉树，迷漫一色。坐楼中，适浔阳并奴至，乃登太素宫。宫北向，元帝像乃百鸟衔泥所成，色黳①黑。像成于宋，殿新于嘉靖三十七年，庭中碑文，世庙御制也。左右为王灵官、赵元帅殿，俱雄丽。背倚玉屏②，前临香炉峰。峰突起数十丈，如覆钟，未游台、宕者或奇之。出庙左，至舍身崖，转而上为紫玉屏，再西为紫霄崖，俱危耸杰起。再西为三姑峰、五老峰，文昌阁据其前。五老比肩，不甚峭削，颇似笔架。

返榔梅，循夜来路，下天梯。则石崖三面为围，上覆下嵌，绝似行廊。循崖而行，泉飞落其外，为珠帘水。嵌之深处，为罗汉洞，外开内伏，深且十五里；东南通南渡。崖尽处为天门。崖石中空，人出入其间，高爽飞突，正如阊阖③。门外乔楠中峙，蟠青丛翠④。门内石崖一带，珠帘飞洒，奇为第一。返宿庵中访五井桥崖之胜，羽士⑤即道士汪伯化，约明晨同行。

【注释】

①黳：黑色中带黄。

②玉屏：即齐云岩。

③阊阖：传说中的天门。

④蟠青丛翠：此句描绘树木挺拔苍翠，繁茂的样子。

⑤羽士：道士。

【原文】

二十八日　梦中闻人言大雪，促奴起视，弥山漫谷矣。余强卧。已刻，同伯化蹑屐二里，复抵文昌阁。览地天一色，虽阻游五井，更益奇观。

二十九日 奴子报："云开，日色浮林端矣。"急披衣起，青天一色，半月来所未睹；然寒威殊甚。方促伯化共饭。饭已，大雪复至，飞积盈尺。偶步楼侧，则香炉峰正峙其前。楼后出一羽士，曰程振华者，为余谈九井、桥岩、傅岩诸胜。

三十日 雪甚，兼雾浓，咫尺不辨。伯化携酒至舍身崖，饮睇①元阁；阁在崖侧。冰柱垂垂，大者竟丈。峰峦灭影，近若香炉峰，亦不能见。

【注释】

①饮睇：边饮边看。

【原文】

二月初一日 东方一缕云开，已而大朗。浔阳以足裂留庵中。余急同伯化蹑西天门而下。十里，过双溪街，山势已开。五里，山复渐合，溪环石映，倍有佳趣。三里，由溪口循小路入，越一山。二里，至石桥岩。桥侧外岩，高亘如白岳之紫霄。岩下俱因岩为殿。山石皆紫，独有一青石龙，蜿蜒于内，头垂空尺余；水下滴曰龙涎泉，颇如雁宕龙鼻水。岩之右，一山横跨而中空，即石桥也。飞虹垂蛛①，下空恰如半月。坐其下。隔山一岫②特起，拱对其上，众峰环侍，较胜齐云天门。即天台石梁，止一石架两山间；此以一山高架，而中空其半，更灵幻矣。穿桥而入，里许，为内岩。上有飞泉飘洒，中有僧斋，颇胜。

还饭于外岩。觅导循崖左下，灌莽中，两山夹涧，路棘雪迷，行甚艰。导者劝余趋傅岩，不必向观音岩。余恐不能兼棋盘、龙井之胜，不许。行二里，得涧一泓，深碧无底，亦"龙井"也。又三里，崖绝涧穷，

悬瀑

悬瀑忽自山坳挂下数丈，亦此中奇境。转而上跻③，行山脊二里，则棋盘石高峙山巅，形如擎菌，大且数围。登之，积雪如玉。回望傅岩，屼嵲④云际。由彼抵棋盘亦近，悔不从导者。石旁有文珠庵，竹石清映。转东而南，二里，越岭二重，山半得观音岩。禅院清整，然无奇景，尤悔觌⑤面失傅岩也。仍越岭，东下深坑，石涧四合，时有深潭，大为渊，小如臼，皆云"龙井"，不能别其孰为"五"，孰为"九"。凡三里，石岩中石脉隐隐，导者指其一为青龙，一为白龙，余笑颔之。又乱崖间望见一石嵌空，有水下注，外有横石跨之，颇似天台石梁。伯化以天且晚，请速循涧觅大龙井。忽遇僧自黄山来，云："出此即大溪，行将何观？"遂返。

里余，从别径向漆树园。行石乱流间，返照映深木，一往幽丽。三里跻其巅，余以为高垺⑥齐云；及望之，则文昌阁犹巍然也。五老峰正对阁而起。五老之东，为独耸寨；循其坳而出，曰西天门，五老之西，为展旗峰；由其下而渡，曰芙蓉桥。余向出西天门，今自芙蓉桥入也。余望三姑之旁，犹殢⑦日色，遂先登，则落照正在五老间。归庵已晚餐矣，相与追述所历，始知大龙井正在大溪口，足趾已及，而为僧所阻，亦数也！

【注释】

①蛛：虹。

②岫：山洞。

③跻：登。

④屼嵲：高耸之意。

⑤觌：指相见。

⑥垺：相等，等同。

⑦殢：滞留。

游黄山日记

【释题】

黄山，原名黟山，唐代天宝年后改为黄山，并沿用至今。黄山位于安徽歙县与太平县间，面积约154平方千米。黄山风景以奇松、怪石、云海、温泉最著名。徐霞客在此日记中对黄山的奇松及云海推崇备至。

此记是徐霞客初游黄山时所作。黄山是继白岳山后，徐霞客所游览的又一名山。该记颇为详细地记叙了黄山的几大旅游资源和景色特点，对天都、莲花二峰也有侧面描绘，对石笋矼、天平矼等胜景则赞颂备至。同时，文中也记录了作者一路游程的艰险，如踏雪寻径、凿冰开路等。

该记颇能显示徐霞客写景状物的功夫，文中遣词造句都很精当巧妙，其章法开合得度、松紧适中，对雪光山色的渲染也使各景相得益彰。该记可以看作是作者对黄山胜景的总体描绘，有此基础，他的第二篇黄山日记便可留出更大的空间来细述黄山天都、莲花二峰以及黄山雾海。

【原文】

初二日　自白岳下山，十里，循麓而西，抵南溪桥。渡大溪，循别溪，依山北行。十里，两山峭逼如门，溪为之束。越而下，平畴颇广。二十里为猪坑。由小路登虎岭，路甚峻。十里至岭。五里，越其麓。北望黄山诸峰，片片可掇①。又三里，为古楼坳。溪甚阔，水涨无梁，木片弥满布一溪，涉之甚难。二里，宿高桥。

【注释】

①掇：拾取。

【原文】

初三日　随樵者行，久之，越岭二重。下而复上，又越一重；两岭俱峻，曰双岭。共十五里，过江村。二十里，抵汤口，香溪、温泉诸水所由出者。折而入山，沿溪渐上，雪且没趾。五里，抵祥符寺。汤泉①在隔溪，遂俱解衣赴汤池。池前临溪，后倚壁，三面石甃，上环石如桥。汤深三尺，时凝寒未解，面汤气郁然，水泡池底汩汩起，气本香冽。黄贞父谓其不及盘山，以汤口、焦村孔道，浴者太杂遝②出。浴毕，返寺。僧挥印引登莲花庵，蹑雪循涧以上。涧水三转，下注而深泓者，曰白龙潭。再上而停涵石间者，曰丹井。井旁有石突起，曰"药臼"，曰"药铫"③。宛转随溪，群峰环耸，木石掩映。如此一里，得一庵，僧印我他出，不能登其堂。堂中香炉及钟鼓架，俱天然古木根所为。遂返寺宿。

【注释】

①汤泉：即黄山温泉，又名朱砂泉。
②遝：即杂乱。
③药铫：即小铁锅。

【原文】

初四日　兀坐听雪溜竟日。

初五日　云气甚恶，余强卧至午起。挥印言慈光寺颇近，令其徒引。过汤地，仰见一崖，中悬鸟道，两旁泉泻如练。余即从此攀跻上，泉光云气，撩绕衣裾。已转而右，则茅庵上下，磬韵香烟，穿石而出，即慈光寺也。寺旧名珠砂庵。比丘为余言："山顶诸静室，径为雪封者两月。今早遣人送粮，山半雪没腰而返。"余兴大阻，由大路二里下山，遂引被卧。

初六日　天色甚朗。觅导者各携筇①上山，过慈光寺。从左上，石峰环夹，其中石级为积雪所平，一望如玉。疏木茸茸中，仰见群峰盘结，天都独巍然上挺。数里，级愈峻，雪愈深，其阴处冻雪成冰，坚滑不容着趾。余独前，持杖凿冰，得一孔置前趾，再凿一孔，以移后趾。从行者俱循此法得度。上至平冈，则莲花、云门诸峰，争奇竞秀，若为天都拥卫者。由此而入，绝岘②危崖，尽皆怪松悬结。高者不盈丈，低仅数寸，平顶短髮，盘根虬干，愈短愈老，愈小愈奇，不意奇山中又有此奇品也！松石交映间，冉冉慢慢地僧一群从天而下，俱合掌言："阻雪山中已三月，今以觅粮勉到此。公等何由得上也？"且言："我等前海诸庵，俱已下山，后海山路尚未通，惟莲花洞可行耳。"已而从天都峰侧攀而上，透峰罅而下，东转即莲花洞路也。余急于光明顶、石笋矼③，即石桥之胜，遂循莲花峰而北。上下数次，至天门。两壁夹立，中阔摩肩，高数十丈，仰面而度，阴森悚骨。其内积雪更深，凿冰上跻，过此得平顶，即所谓前海也。由此更上一峰，至平天矼。矼之兀突独耸者，为光明顶。由矼而下，即所谓后海也。盖平天矼阳为前海，阴为后海，乃极高处，四面皆峻坞，此独若平地。前海之前，天都莲花二峰最峻，其阳属徽之歙④，其阴属宁之太平。

余至平天矼，欲望光明顶而上。路已三十里，腹甚枵⑤，遂入矼后一庵。庵僧俱踞石向阳。主僧曰智空，见客色饥，先以粥饷。且曰："新日太皎，恐非老晴。"因指一僧谓余曰："公有余力，可先登光明顶而后中食，则今日犹可抵石笋矼，宿是师处矣。"余如言登顶，则天

劲松

都、莲花并肩其前，翠微、三海门环绕于后，下瞰绝壁峭岫，罗列坞中，即丞相原也。顶前一石，伏而复起，势若中断，独悬坞中，上有怪松盘盖。余侧身攀踞其上，而浔阳踞大顶相对，各夸胜绝。

下入庵，黄粱已熟。饭后，北向过一岭，踯躅菁莽中，入一庵，曰狮子林，即智空所指宿处。主僧霞光，已待我庵前矣。遂指庵北二峰曰："公可先了此胜。"从之。俯窥其阴，则乱峰列岫，争奇并起。循之西，崖忽中断，架木连之，上有松一株，可攀引而度，所谓接引崖也。度崖，空石鳞而上，乱石危缀间，构木为室，其中亦可置足，然不如踞石下窥更雄胜耳。下崖，循而东，里许，为石笋矼。矼脊斜亘，两夹悬坞中，乱峰森罗，其西一面，即接引崖所窥者。矼侧一峰突起，多奇石怪松。登之俯瞰壑中，正与接引崖对瞰，峰回岫转，顿改前观。

下峰，则落照拥树，谓明晴可卜，踊跃归庵。霞光设茶，引登前楼。西望碧痕一缕，余疑山影。僧谓："山影夜望甚近，此当是云气。"余默然，知为雨兆也。

【注释】

①筇：手杖。

②岫：大小成两截的山。

③矼：又作"杠"。

④歙：地名。

⑤枵：变虚，即肚子很饿。

【原文】

初七日 四山雾合。少顷，庵之东北已开，西南腻甚①，若以庵为界者，即狮子峰亦在时出时没间。晨餐后，由接引崖践雪下。坞半一峰突起，上有一松，裂石而出，巨干高不及二尺，而斜拖曲结，蟠翠三丈余，其根穿石上下，几与峰等，所谓"扰龙松"是也。

攀玩移时，望狮子峰已出，遂杖而西。是峰在庵西南，为案山。二里，蹑其巅，则三面拔立坞中，其下森峰列岫，自石笋、接引两坞迤逦②至此，环结又成一胜。登眺间，沉雾渐爽舒朗，急由石笋矼北转而下，正昨日峰头所望森阴径也。群峰或上或下，或巨或纤，或直或欹，与身穿绕而过。俯窥辗顾，步步生奇，但壑深雪厚，一步一悚。

行五里，左峰腋一窦透明，曰"天窗"。又前，峰旁一石突起，作面壁状，则"僧坐石"也。下五里，径稍夷，循涧而行。忽前涧乱石纵横，路为之塞。越石久之，一阙新崩，片片欲堕，始得路。仰视峰顶，黄痕一方，中间绿字，宛然可辨，是谓"天牌"，亦谓"仙人榜"。又前，鲤鱼石；又前，白龙池；共十五里。一茅出涧边，为松谷庵旧基。再五里，循溪东西行，又过五水，则松谷庵矣。再循溪下，溪边香气袭人，则一梅亭亭正发，山寒稽③雪，至是始芳！抵青龙潭，一泓深碧，更会两溪，比白龙潭势既雄壮，而大石磊落，奔流乱注，远近群峰环拱，亦佳境也。还餐松谷，往宿旧庵。余初至松谷，疑已平地，及是询之，须下岭二重，二十里方得平地，至太平县共三十五里云。

【注释】

①腻甚：指雾气凝滞厚重。

②迤逦：蜿蜒曲折的样子。

③稽：残留。

【原文】

初八日　拟寻石笋奥境，竟为天夺，浓雾迷漫。抵狮子林，风愈大，雾亦愈厚。余急欲趋炼丹台，遂转西南。三里，为雾所迷，偶得一庵，入焉。雨大至，遂宿此。

初九日 逾午少霁①。庵僧慈明，甚夸西南一带峰岫，不减石笋矼，有"秃颅朝天"、"达摩面壁"诸名。余拉浔阳蹈乱流至壑中，北向即翠微诸峦，南向即丹台②诸坞，大抵可与狮峰竞驾，未得比肩石笋也。雨踵至，急返庵。

【注释】

①霁：晴。
②丹台：炼丹台。

【原文】

初十日 晨，雨如注，午少停。策杖二里，过飞来峰，此平天矼之西北岭也。其阳坞中，峰壁森峭，正与丹台环绕。二里抵台。一峰西垂，顶颇平伏。三面壁翠合沓①，前一小峰起坞中，其外则翠微峰、三海门蹄股拱峙②。登眺久之。东南一里，绕出平天矼下。雨复大至，急下天门。两崖隘肩，崖额飞泉，俱从人顶泼下。出天门，危崖悬叠，路缘崖半③，比后海一带森峰峭壁，又转一境。"海螺石"即在崖旁，宛转酷肖，来时忽不及察，今行雨中，颇稔④其异，询之始知。已趋大悲庵，由其旁复趋一庵，宿悟空上人处。

十一日 上百步云梯。梯磴插天，足趾及腮，而磴石倾侧崦岈，兀兀⑤欲动；前下时以雪掩其险，至此骨意俱悚。上云梯，即登莲花峰道。又下转，由峰侧而入，即文殊院、莲花洞道也。以雨不止，乃下山，入汤院，复浴。由汤口出，二十里，抵芳村；十五里，抵东潭，溪涨不能渡而止。黄山之流，如松谷、焦村，俱北出太平。即南流如汤口,亦北转太平入江。惟汤口西有流,至芳村而巨,南趋岩镇,至府西北与绩溪会。

【注释】

①合沓:重合,重叠。

②蹄股拱峙:像腿脚般环立守护着。

③路缘崖半:道路沿山崖向外延伸。

④稔:熟稔,熟悉。

⑤兀兀:挺立高耸。

游武彝山日记

【释题】

　　徐霞客游览黄山后，即入福建崇安，开始了他的武彝之旅。武彝山亦称武夷山，位于福建武夷山市南郊，方圆60千米，有36峰布列在武彝溪两岸。溪水清碧，浪环九曲。乘竹筏游溪，可兼览山水之胜。

　　武彝山为福建著名风景区，山中奇景甚多，特别是武彝溪两岸，除了有自然天成的石峰涧水外，还有悬棺这一人文景观，记中所记之"架壑舟"即船形悬棺。徐霞客先是乘船沿溪而行，记述了武彝山中36峰之大部分山峰。其记以溪水回曲为线索，几乎每曲都有不同景观，然后登陆从山中行，对山中寺庙以及飞瀑林木都一一历尽，游记语言徐缓自然，行笔正如慢水行舟，十分舒畅。但本记似乎并无浓墨重彩之处，大概因其景色难分高下，难以取舍所致。

【原文】

　　二月二十一日（1616年），出崇安南门，觅舟。西北一溪自分水关，东北一溪自温岭关，合注于县南，通郡省而入海。顺流三十里，见溪边一峰横欹，一峰独耸。余咤而瞩目[①]，则欹者幔亭峰，耸者大王峰也。峰南一溪，东向而入大溪者，即武彝溪也。冲祐宫傍峰临溪。余欲先抵九曲，然后顺流探历，遂舍宫不登，逆流而进。流甚驶，舟子跣行溪间以挽舟。第一曲，右为幔亭峰、大王峰，左为狮子峰、观音岩；而溪右之濒水者曰水光石，上题刻殆遍。二曲之右，为铁板嶂、翰墨岩，左为兜鍪峰、玉女峰，而板嶂之旁，崖壁峭立，间有三孔，作"品"字状。三曲右为会仙岩，左为小藏峰、大藏峰。大藏壁立千仞，崖端穴数孔，乱插木板如机杼。一小舟斜架穴口木末，号曰"架壑舟"。四曲右为钓鱼台、希真岩，左为鸡栖岩、晏仙岩。鸡栖岩半有洞，外隘狭窄中宏，横插木板，宛然堁傑②。下一潭深碧，为卧龙潭。其右大隐屏、接笋峰，左更衣台、天柱峰者，五曲也。文公书院正在大隐屏下。抵六曲，右为仙掌岩、天游峰，左为晚对峰、响声岩。回望隐屏、天游之间，危梯飞阁悬其上，不胜神往。而舟亦以溜急不得进，还泊曹家石。

登陆，入云窝，排云穿石，俱从乱崖中宛转得路。窝后即接笋峰。峰骈③附于大隐屏，其腰横两截痕，故曰"接笋"。循其侧石隘，跻磴数层，四山环翠，中留隙地如掌者，为茶洞。洞口由西入，口南为接笋峰，口北为仙掌岩。仙掌之东为天游，天游之南为大隐屏。诸峰上皆峭绝，而下复攒凑，外无磴道，独西通一罅，比天台之明岩更为奇矫也。从其中攀跻登隐屏，至绝壁处，悬大木为梯，贴壁直竖云间。梯凡三接，级共八十一。级尽，有铁索横系山腰，下凿坎受足。攀索转峰而西，夹壁中有冈介其间，若垂尾，凿磴以登，即隐屏顶也。有亭有竹，四面悬崖，凭空下眺，真仙凡敻④隔。仍悬梯下，至茶洞。仰视所登之处，崭然在云汉。

隘口北崖即仙掌岩。岩壁屹立雄展，中有斑痕如人掌，长盈丈者数十行。循岩北上，至岭，落照侵松，山光水曲，并加入览。南转，行夹谷中。谷尽，忽透出峰头，三面壁立，有亭踞其首，即天游峰⑤矣。是峰处九曲之中，不临溪，而九曲之溪，三面环之。东望为大王峰，而

泉泻绝壁

一曲至三曲之溪环之。南望为更衣台，南之近者，则大隐屏诸峰也，四曲至六曲之溪环之。西望为三教峰，西之近者，则天壶诸峰也，七曲至九曲之溪环之。惟北向无溪，而山从水帘诸山层叠而来，至此中悬。其前之俯而瞰者，即茶洞也。自茶洞仰眺，但见绝壁干霄，泉从侧间泻下，初不知其上有峰可憩。其不临溪而能尽九溪之胜，此峰固应第一也。立台上，望落日半规，远近峰峦，青紫万状。台后为天游观。亟辞去，抵舟已入暝矣。

【注释】

①瞩目：感到吃惊而注目凝望。

②埘傺：鸡巢中鸡栖息的小木桩。

③骈：并列。

④敻：远隔。

⑤天游峰：位于五曲隐屏峰后方。

【原文】

二十二日　登涯，辞仙掌而西。余所循者，乃溪之右涯，其隔溪则左涯也。第七曲右为三仰峰、天壶峰，左为城高岩。三仰之下为小桃源，崩崖堆错，外成石门。由门伛偻而入，有地一区，四山环绕，中有平畴曲涧，围以苍松翠竹，鸡声人语，俱在翠微中。出门而西，即为北廊岩，岩顶即为天壶峰。其对岸之城高岩矗然独上，四旁峭削如城。岩顶有庵，亦悬梯可登，以隔溪不及也。第八曲右为鼓楼岩、鼓子岩，左为大廪石、海蚱石。余过鼓楼岩之西，折而北行坞中，攀援上峰顶，两石兀立如鼓，鼓子岩也。岩高亘亦如城，岩下深坞一带如廊，架屋横栏其内，曰鼓子庵。仰望岩上，乱穴中多木板横插。转岩之后，壁间一洞更深敞，曰吴公洞。洞下梯已毁，不能登。望三教峰而趋，缘山越磴，深木翳苁其上。抵峰，有亭级其旁，可东眺鼓楼、鼓子诸胜。山头三峰，石骨挺然并矗。从石罅间蹑磴而升，傍崖得一亭。穿亭入石门，两崖夹峙，壁立参天，中通一线，上下尺余，人行其间，毛骨阴悚。盖三峰攒立，此其两峰之罅。其侧尚有两罅，无此整削。

已下山，转至山后，一峰与猫儿石相对峙，盘亘亦如鼓子，为灵峰之白云洞。至峰头，从石罅中累级而上，两壁夹立，颇似黄山之天门。级穷，迤逦至岩下，因崖架屋，亦如鼓子。登楼南望，九曲上游，一洲中峙，溪自西来，分而不之，至曲复合为一。洲外两山渐开，九曲已尽。是岩在九曲尽处，重岩回叠，地甚幽爽。岩北尽处，更有一岩尤奇：上下皆绝壁，壁间横坳仅一线，须伏身蛇行，盘壁而度，乃可入。余即从壁坳行。已而渐低，壁渐危，则就而伛偻。愈低愈狭，则膝行蛇伏，至坳转处，上下仅悬七寸，阔止尺五。坳外壁深万仞。余匍匐以进，胸背相摩，盘旋久之，得度其险。岩果轩敞层叠，有斧凿置于中，欲开道而未就也。半响，返前岩。更至后岩，方构新室，亦幽敞可爱。出向九曲溪，则狮子岩在焉。

循溪而返，隔溪观八曲之人面石、七曲之城高岩，种种神飞。复泊舟，由云窝入茶洞，穿窿窈窕①，再至矣，再不能去！已由云窝左转，入伏羲洞，洞颇阴森。左出大隐屏之阳，即紫阳书院②，谒③先生庙像。顺流鼓棹，两岩苍翠纷飞，翻④恨舟行之速。已过天柱峰、更衣台，泊舟四曲之南涯。自御茶园登岸，欲绕出金鸡岩之上，迷荆丛棘，不得路。乃从岩后大道东行，冀有旁路可登大藏、小藏诸峰，复不得。透出溪旁，已在玉女峰下。欲从此寻一线天，傍徨无可问，而舟泊金鸡洞下，迥不相闻。乃沿溪觅路，迤逦大藏、小藏之麓。一带峭壁高骞，砂碛崩壅，土人多植茶其上。从茗柯中行，下瞰深溪，上仰危崖，所谓"仙学堂"、"藏仙窟"，俱不暇辨。

已至架壑舟，仰见虚舟宛然，较前溪中所见更悉⑤。大藏之西，其路渐穷。向荆棘中扪壁面上，还瞰大藏西岩，亦架一舟，但两崖对峙，不能至其地也。忽一舟自二曲逆流而至，急下山招之。其人以舟来受，亦游客初至者，约余返更衣台，同览一线天、虎啸岩诸胜。过余泊舟处，并棹顺流而下，欲上幔亭，问大王峰。抵一曲之水光石，约舟待溪口，余复登涯，少入，至止止庵。望庵后有路可上，遂趋之，得一岩，僧诵经其中，乃禅岩也。登峰之路，尚在止止庵西。仍下庵前西转，登山二里许，抵峰下，从乱箐⑥中寻登仙石。石旁峰突起，作仰企状，鹤模石在峰壁罅间，霜翎朱顶，裂纹如绘。旁路穷，有梯悬绝壁间，蹑而上，摇摇欲坠。梯穷，得一岩，则张仙遗蜕也。岩在峰半，觅徐仙岩，皆石壁不可通。下梯寻别道，又不可得。蹑石则峭壁无阶，投莽则深密莫辨。佣夫在前，得断磴，大呼得路。余裂衣不顾，趋就之，复不能前。日已西薄，遂以手悬棘，乱坠而下，得道已在万年宫⑦右。趋入宫，宫甚森敞。羽士迎言，"大王峰顶久不能到，惟张岩梯在。峰顶六梯及徐岩梯，俱已朽坏。徐仙蜕已移入会真庙矣。"出宫右转，过会真庙。庙前大枫扶疏，荫数亩，围数十抱。别羽士，归舟。

【注释】

①窈窕：意即长曲深远。

②紫阳书院：南宋朱熹讲学之所。

③谒：拜见。

④翻：同"反"。

⑤悉：清楚细致。

⑥菁:树木。

⑦万年宫:道教活动中心,位于武夷溪口。

【原文】

二十三日　登陆,觅换骨岩、水帘洞诸胜。命移舟十里,候于赤石街,余乃入会真观,谒武彝君①及徐仙遗蜕。出庙,循幔亭东麓,北行二里,见幔亭峰后三峰骈立。异而问之,三姑峰也。换骨岩即在其旁,望之趋。登山里许,飞流泪然下泻。俯瞰其下,亦有危壁,泉从壁半突出,疏竹掩映,殊有佳致。然业已上登,不及返顾,遂从三姑又上半里,抵换骨岩,岩即幔亭峰后崖也。岩前有庵。从岩后悬梯两层,更登一岩。岩不甚深,而环绕山巅如叠嶂。土人新以木板循岩为室,曲直高下,随岩宛转。循岩隙攀跻②而上,几至幔亭之顶,以路塞而止。返至三姑峰麓,绕出其后,复从旧路下,至前所瞰突泉处。从此越岭,即水帘洞路。从此而下,即突泉壁也。余前从上瞰,未尽其妙,至是复造其下。仰望突泉,又在半壁之上,旁引水为碓③,有梯架之,凿壁为沟以引泉。余循梯攀壁,至突泉下。其坳仅二丈,上下俱危壁,泉从上壁坠坳中,复从坳中溢而下坠。坳之上下四旁,无处非水,而中有一石突起可坐。坐久之,下壁,循竹间路,越岭三重,从山腰约行七里,乃下坞。穿石门而上,半里,即水帘洞。危崖千仞,上突下嵌,泉从岩顶坠下。岩既雄扩,泉亦高散,千条万缕,悬空倾泻,亦大观也!其岩高矗上突,故岩下构室数重,而飞泉犹落槛外。

先在途闻睹阁寨颇奇,道流指余仍旧路,越山可至。余出石门,爱坞溪之胜,误走赤石街道。途人指从此度小桥而南,亦可往。从之,登山入一隘,两山夹之,内有岩有室,题额乃"杜辖岩",土人讹误传为睹阁耳。再入,又得一岩,有曲槛悬楼,望赤石街甚近。遂从旧道,三里,渡一溪,又一里,则赤石街大溪也。下舟,挂帆二十里,返崇安。

【注释】

①武彝君:武彝山神。

②跻:登。

③碓:一种舂米的器具。

游庐山日记

【释题】

庐山位于江西省北部,长约25千米,宽约10千米,略呈椭圆形。它高踞长江南岸,可东瞰鄱阳湖。山上多巉岩峭壁,奇花异树,云雾变幻不定,气候凉爽宜人。多飞瀑、溪涧,亦有深潭、平湖。徐霞客于万历四十六年(1618年)八月游此山。

庐山可说是我国最著名的旅游风景区之一。

该篇游记虽记叙的内容多为众人所知,徐霞客也未记他有特别的探险,但文章写得非常精彩,主要表现在对各山峰各流水的细致描摹,语言非常丰富,刻画各泉水、飞瀑的不同特点非常准确,特别对三叠泉瀑布的描写,非但张弛有致,描写准确,更注重了石、水、潭、山势之间的联系,加上作者自己的主观感受,为此景增添了无尽的魅力。

该记描绘多于记游,故笔法显得放纵舒畅,抒情写景也结合得很恰当,是一篇不可多得的游记佳作。

【原文】

戊午(1618年),余同兄雷门、白夫,以八月十八日至九江。易小舟,沿江南入龙开河,二十里,泊李裁缝堰。登陆,五里,过西林寺,至东林寺。寺当庐山之阴,南面庐山,北倚东林山。山不甚高,为庐之外廓。中有大溪,自东而西,驿路界其间,为九江之建昌孔道。寺前临溪,入门为虎溪桥,规模甚大,正殿夷毁,右为三笑堂。

十九日　出寺，循山麓西南行。五里，越广济桥，始舍官道，沿溪东向行。又二里，溪回山合，雾色霏霏如雨。一人立溪口，问之，由此东上为天池大道，南转登石门，为天池寺之侧径。余稔知石门之奇，路险莫能上，遂倩①其人为导，约二兄径至天池相待。遂南渡小溪二重，过报国寺，从碧条香蔼②攀陟。五里，仰见浓雾中双石屼立，即石门也。一路由石隙而入，复有二石峰对峙。路宛转峰罅，下瞰绝涧诸峰，在铁船峰旁，俱从涧底矗耸直上，离立咫尺，争雄竞秀，而层烟叠翠，澄映四外。其下喷雪奔雷。腾空震荡，耳目为之狂喜。门内对峰倚壁，都结层楼危阙。徽人邹昌明、毕贯之新建精庐③，僧容成焚修其间。从庵后小径，复出石门一重，俱从石崖上，上攀下蹑，磴穷则挽藤，藤绝置木梯以上。如是二里，至狮子岩。岩下有静室。越岭，路颇平。再上里许，得大道，即自郡城南来者。历级而登，殿已当前，以雾故不辨。逼之，而朱楹彩栋，则天池寺也，盖毁而新建者。由右庑侧登聚仙亭，亭前一崖突出，下临无地，曰文殊台。出寺，由大道左登披霞亭。亭侧岐路东上山脊，行三里。由此再东二里，为大林寺。由此北折而西，曰白鹿升仙台。北折而东，曰佛手岩。升仙台三面壁立，四旁多乔松，高帝御制周颠仙庙碑在其顶，石亭覆之，制甚古④。佛手岩穹然轩峙，深可五六丈，岩靖石岐横出，故称"佛手"。循岩侧庵右行，崖石两层，突出深坞，上平下仄，访仙台遗址也。台后石上书"竹林寺"三字。竹林为匡庐即庐山幻境，可望不可即。台前风雨中，时时闻钟梵声⑤，故以此当之，时方云雾迷漫，即坞中景，亦如海上三山⑥，何论竹林？还出佛手岩，由大路东抵大林寺。寺四面峰环，前抱一溪。溪上树大三人围，非桧非杉，枝头着子累累，传为宝树，来自西域，向原来有二株，为风雨拔去其一矣。

对峰倚壁

【注释】

①倩：请、雇。

②碧条香蔼：绿树香雾。

③精庐：书斋。

④制甚古：指制作工艺和格式都很古雅考究。

⑤梵声：佛寺敲钟和诵经之音。

⑥海上三山：即蓬莱、方丈、瀛洲三神山。

【原文】

二十日　晨雾尽收。出天池，趋文殊台。四壁万仞，俯视铁船峰，正可飞舄①。山北诸山，伏如聚螘②。匡湖洋洋山麓③，长江带之，远及天际。因再为石门游，三里，度昨所过险处，至则容成方持贝叶佛经出迎，喜甚，导余历览诸峰。上至神龙宫右，折而下，入神龙宫。奔涧鸣雷，松竹荫映，山峡中奥寂境也。循旧路，抵天池下，从岐径东南行，十里，升降于层峰幽涧。无径不竹，无阴不松，则金竹坪也。诸峰隐护，幽倍天池，旷则逊之。复南三里，登莲花峰侧，雾复大作。是峰为天池案山，在金竹坪则左翼也。峰顶丛石嶙峋，雾隙中时作窥人态，以雾不及登。

越岭东向二里，至仰天坪，因谋尽汉阳之胜。汉阳为庐山最高顶，此坪则为僧庐之最高者。坪之阴北，水俱北流从九江。其阳南，水俱南下属南康。余疑坪去汉阳当不远，僧言中隔桃花峰，尚有十里遥。出寺，雾渐解。从山坞西南行，循桃花峰东转，过晒谷石，越岭南下，复上则汉阳峰也。先是遇一僧，谓峰顶无可托宿，宜投慧灯僧舍，因指以路。未至峰顶二里，落照盈山，遂如僧言，东向越岭，转而西南，即汉阳峰之阳也。一径循山，重嶂幽寂，非复人世。里许，蓊然竹丛中得一龛，有僧短发覆额，破衲④赤足者，即慧灯也，方挑水磨腐。竹内僧三四人，衣履揖客，皆慕灯远来者。复有赤脚短发僧从崖间下，问之，乃云南鸡足山僧。灯有徒，结茅于内，其僧历悬崖访之，方返耳。余即拉一僧为导，攀援半里，至其所。石壁峭削，悬梯以度，一茅如慧灯龛。僧本山下民家，亦以慕灯居此。至是而上仰汉阳，下俯绝壁，与世复隔矣。暝色已合，归宿灯龛。灯煮腐相饷，前指路僧亦至。灯半一腐，必自己出，必遍及其徒。徒亦自至，来僧其一也。

【注释】

①飞乌：神仙来去。

②螘：蚁之本字。

③匡湖洋洋山麓：山下是广阔的鄱阳湖。

④衲：僧衣。

【原文】

二十一日　别灯，从龛后小径直跻汉阳峰。攀茅拉棘，二里，至峰顶。南瞰鄱湖，水天浩荡。东瞻湖口，西盼建昌，诸山历历，无不俯首失恃①。惟北面之桃花峰，铮铮比肩，然昂霄逼汉，此其最矣。下山二里，循旧路，向五老峰。汉阳、五老，俱匡庐南面之山，如两角相向，而犁头尖界于中，退于后，故两峰相望甚近。而路必仍至金竹坪，绕犁头尖后，出其左胁北转，始达五老峰，自汉阳计之，且三十里。余始至岭角，望峰顶坦夷，莫详五老面目。及至峰顶，风高水绝，寂无居者。因遍历五老峰，始知是山之阴，一冈连属。阳则山从绝顶平剖，列为五枝，凭空下坠者万仞，外无重冈叠嶂之蔽，际目视野甚宽。然彼此相望，则五峰排列自掩，一览不能兼收。惟登一峰，则两旁无底。峰峰各奇不少稍让，真雄旷之极观也！

仍下二里，至岭角。北行山坞中，里许，入方广寺，为五老新刹。僧知觉甚稔三叠之胜，言道路极艰，促余速行。北行一里，路穷，渡涧。随涧东西行，鸣流下注乱石，两山夹之，丛竹修枝，郁葱上下，时时仰见飞石，突缀其间，转入转佳。既而涧旁路亦穷，从涧中乱石行，圆者滑足，尖者刺履。如是三里，得绿水潭。一泓深碧，怒流倾泻之上，流者喷雪，停者毓黛②。又里许，为大绿水潭。水势至此将堕，大倍之，怒亦益甚。潭有峭壁乱耸，回互逼立，下瞰无底，但闻轰雷倒峡之声，心怖目眩，泉不知从何坠去也。于是涧中路亦穷，乃西向登峰。峰前石台鹊起，四瞰层壁，阴森逼侧。泉为所蔽，不得见，必至对面峭壁间，方能全收其胜。乃循山冈，从北东转。二里，出对崖，下瞰，则一级、二级、三级之泉，始依次悉见。其坞中一壁，有洞如门者二，僧辄指为竹林寺门云。顷之，北风自湖口吹上，寒生粟起，急返旧路，至绿水潭。详观之，上有洞禽然③下坠。僧引入其中，曰："此亦竹林寺三门之一。"然洞本石罅夹起，内横通如"十"字，南北通明，西入似无底止。出，溯溪而行，抵方广，已昏黑。

【注释】

①俯首失恃：指眼见之山都比汉阳峰低，因而无法与之抗衡。

②停者毓黛：毓同"育"，生出之意，整句意为驻留下来的水积蓄起来，则变成深青色。

③禽然：敛缩的样子。

游行山间

【原文】

二十二日　出寺，南渡溪，抵犁头尖之阳。东转下山，十里，至楞伽院侧。遥望山左胁，一瀑从空飞坠，环映青紫，夭矫滉漾①，亦一雄观。五里，过栖贤寺，山势至此始就平。以急于三峡涧，未之入。里许，至三峡涧。涧石夹立成峡，怒流冲激而来，为峡所束，回奔倒涌，轰振山谷。桥悬两岩石上，俯瞰深峡中，迸珠戛玉②。过桥，从岐路东向，越岭，趋白鹿洞。路皆出五老峰之阳。山田高下，点错民居。横历坡陀，仰望排嶂者三里，直入峰下，为白鹤观。又东北行三里，抵白鹿洞③，亦五老峰前一山坞也。环山带溪，乔松错落。出洞，由大道行，为开先道。盖庐山形势，犁头尖居中而少逊，栖贤寺实中处焉。五老左突，下即白鹿洞。右峙者，则鹤鸣峰也，开先寺当其前。于是西向循山，横过白鹿、栖贤之大道，十五里，经万松寺，陟一岭而下，山寺巍然南向者，则开先寺也。从殿后登楼眺瀑，一缕垂垂，尚在五里外，半为山树所翳④，倾泻之势，不及楞伽道中所见。惟双剑崭崭众峰间，有芙蓉插天之态。香炉一峰，直山头圆阜耳。从楼侧西下壑，涧流铿然泻出峡石，即瀑布下流也。瀑布至此，反隐不复见，而峡水汇为龙潭，澄映心目。坐石久之，四山暝色，返宿于殿西之鹤峰堂。

二十三日　由寺后侧径登山。越涧盘岭，宛转山半。隔峰复见一瀑，并挂瀑布之东，即马尾泉也。五里，攀一尖峰，绝顶为文殊台。孤峰拔起，四望无倚，顶有文殊塔。对崖削立万仞，瀑布轰轰下坠，与台仅隔一涧，自巅至底，一目殆无不尽。不登此台，不悉此瀑之胜。下台，循山冈西北溯溪，即瀑布上流也。一径忽入，山回谷抱，则黄岩寺据双剑峰下。越涧再上，得黄石岩。岩石飞突，平覆如砥。岩侧茅阁方丈，幽雅出尘。阁外修竹数竿，拂群峰而上，与山花霜叶，映配峰际。鄱湖一点，正当窗牖。纵步溪石间，观断崖夹壁之胜。仍饭开先，遂别去。

【注释】

①滉漾：水势大而飞溅。

②迸珠戛玉：形如珠溅，声如击玉。

③白鹿洞：唐代江州刺史李渤曾在此读书，并养一白鹿，因此得名。

④翳：遮掩。

游黄山日记(后)

【释题】

　　此篇为第二次游黄山所记,主要记叙作者登天都峰、莲花峰之经历和所见胜景,所记比前一篇更集中,文字更优美精致,该文曾选入中学课本,几乎堪称全书之首。

　　徐霞客第一次游黄山时,未上天都、莲花二峰,此次是为了却夙愿而来,当然兴趣盎然,而且天都、莲花二峰都能满足他的好奇探胜的愿望。

　　其记与前一篇不同,他不但细致地叙写了自己爬山历险的具体过程,而且满怀激情地描绘了山顶所见奇景,在天都峰,他对雾气出没的氤氲景致,对古松曲直挺拔之状都做了刻画。对莲花峰之景重在描绘其独高众山,独出诸峰,人登其上则欢舞欲狂的情状。该游记语言精练而又恣肆自如,加之作者心情舒畅,故而整个文章神采飞扬,充满色彩感,实为难得的佳作。

【原文】

　　戊午(1618年)九月初三日　出白岳榔梅庵,至桃源桥。从小桥右下,陡甚,即旧向黄山路也。七十里,宿江村。

　　初四日　十五里,至汤口。五里,至汤寺,浴于汤池。扶杖望硃砂庵而登。十里,上黄泥冈。向时云里诸峰,渐渐透出,亦渐渐落吾杖底。转入石门,越天都之胁而下,则天都、莲花二顶,俱秀出天半,路旁一岐东上,乃昔所未至者,遂前趋直上,几达天都侧。复北上,行石

重游黄山

罅中。石峰片片夹起。路宛转石间，塞者凿之，陡者级①之，断者架木通之，悬者植梯接之。下瞰峭壑阴森，枫松相间，五色纷披，灿若图绣。因念黄山当生平奇览，而有奇若此，前未一探，兹游快且愧矣！

时夫仆俱阻险行后，余亦停弗上。乃一路奇景，不觉引余独往。既登峰头，一庵翼然，为文殊院，亦余昔年欲登未登者。左天都，右莲花②，背倚玉屏风，两峰秀色，俱可手擥③。四顾奇峰错列，众壑纵横，直黄山绝胜处！非再至，焉知其奇若此？遇游僧澄源至，兴甚勇。时已过午，奴辈适至。立庵前，指点两峰。庵僧谓："天都虽近而无路，莲花可登而路遥。只宜近盼天都，明日登莲顶。"余不从，决意游天都。挟澄源奴子仍下峡路。至天都侧，从流石蛇行而上。攀草牵棘，石块丛起，则历块，石崖侧削则援崖。每至手足无可着处，澄源必先登垂接。每念上既如此，下何以堪？终亦不顾。历险数次，遂达峰顶。惟一石顶，壁起犹数十丈，澄源寻视其侧，得级，挟予以登。万峰无不下伏，独莲花与抗耳。时浓雾半作半止，第一阵至，则对面不见，眺莲花诸峰，多在雾中。独上天都，予至其前，则雾徙于后，予越其右，则雾出于左。其松犹有曲挺纵横者，柏虽大于如臂，无不平贴石上，如苔藓然。山高风巨，雾气去来无定。下盼诸峰，时出为碧峤④，时没为银海。再眺山下，则日光晶晶，别一区宇也。日渐暮，遂前其足，手向后据地，坐而下脱。至险绝处，澄源并肩手相接。度险，下至山坳，暝色已。复从峡度栈⑤以上，止文殊院。

【注释】

①级：动词，修筑台阶。

②莲花：即莲花峰。

③擥：同"揽"。

④峤：尖而高的山。

⑤栈：修筑于悬崖峭壁上的阁道。

【原文】

初五日 平明，从天都峰坳中北下二里，石壁岈然。其下莲花洞，正与前坑石笋对峙，一坞幽然。别澄源，下山至前岐路侧，向莲花峰而趋。一路沿危壁西行，凡再降升，将下百步云梯，有路可直跻莲花峰。既陟而磴绝，疑而复下。隔峰一僧高呼曰："此正莲花道也！"乃从石玻侧度石隙。径小而峻，峰顶皆巨石鼎峙，中空如室。从其中叠级直上，级穷洞转，屈曲奇诡，如下上楼阁中，忘其峻出天表也。一里，得茅庐，倚石罅中。徘徊欲开，则前呼道之僧至矣，僧号凌虚，结茅于此者，遂与把臂陟顶。顶上一石，悬隔二丈，僧取梯以度。其巅廓然，四望空碧，即天都亦俯首矣。盖是峰居黄山之中，独出诸峰上，四面岩壁环耸，遇朝阳霁色，鲜映层发，令人狂叫欲舞。

久之，返茅庵，凌虚出粥相饷，啜一盂，乃下。至岐路侧，过大悲顶，上天门。三里，至炼丹台。循台嘴而下，观玉屏风、三海门诸峰，悉从深坞中壁立起。其丹台一冈中垂，颇无奇峻，惟瞰翠微之背，坞中峰峦错耸，上下周映，非此不尽瞻眺之奇耳。还过平天矼，下后海，入智空庵，别焉。三里，下狮子林，趋石笋矼，至向年所登尖峰上。倚松而坐，瞰坞中峰石回攒，藻绩①满眼，始觉匡庐、石门，或具一体，或缺一面，不若此之闳博②富丽也。久之，上接引崖，下眺坞中，阴阴觉有异。复至冈上尖峰侧，践流石，援棘草，随坑而下，愈下愈深，诸峰自相掩蔽，不能一目尽也。日暮，返狮子林。

【注释】

①藻绩：如画的景色。

②闳博：宏大丰富。

【原文】

初六日　别霞光①，从山坑向丞相原。下七里，至白沙岭，霞光复至。因余欲观牌楼石，恐白沙庵②无指者，追来为导。遂同上岭，指岭右隔坡，有石丛立，下分上并，即牌楼石也。余欲逾坑溯涧，直造其下。僧谓："棘迷路绝，必不能行。若从坑直下丞相原，不必复上此岭。若欲从仙灯而往，不若即由此岭东向。"余从之，循岭脊行。岭横亘天都、莲花之北，狭甚，旁不容足，南北皆崇峰夹映。岭尽北下，仰瞻右峰罗汉石，圆头秃顶，俨然二僧也。下至坑中，逾涧以上，共四里，登仙灯洞。洞南向，正对天都之阴。僧架阁连板于外，而内犹穹然，天趣未尽刊③也。复南下三里，过丞相原，山间一来地耳。其庵颇整，四顾无奇，竟不入。复南向循山腰行，五里，渐下。涧中泉声沸然，从石间九级下泻，每级一下有潭渊碧，所谓九龙潭④也。黄山无悬流飞瀑，惟此耳。又下五里，过苦竹滩，转循太平县路，向东北行。

【注释】

①霞光：徐霞客的弟弟。

②白沙庵：白沙岭周围的岔路。

③刊：动词，削除。

④九龙潭：位于黄山香炉峰和罗汉峰之间。

游九鲤湖日记

【释题】

　　九鲤湖在福建仙游县东北。相传汉武帝时,有何氏九仙在此骑鲤升天,故名。湖在万山之巅,有九级瀑布飞泻而下。闽方言中称瀑布为"漈",文中描述瀑布时,皆沿用"九漈"的说法。

　　此篇游记主要记录的并不是九鲤湖本身的景致,而是记叙了其九处瀑布,即"九漈"。

　　在游"九漈"之前,作者对江郎山的高耸之状进行了恰当的描绘,并给予了很高的评价。

　　对"九漈"描绘十分细致:雷轰漈奔流下坠,瀑布漈之飞喷冲激,珠帘泉玉箸漈之玉龙双舞等各显其奇,自五漈至九漈虽无深入描绘,但也在总体上给予了适当的着墨。此篇为徐霞客描写瀑布最为集中的一篇游记,对水势、水态、崖石深潭、颓波突浪之特色掌握准确,既有逼真的描写,又有想象的发挥,让人读文如临其境,如感其魄。

【原文】

　　浙、闽之游旧矣。余志在蜀之峨眉、粤之桂林,至太华、恒岳诸山。若罗浮、衡岳,次也。至越①之五泄,闽之九漈②,又次也。然蜀、广、关中,母老道远,未能卒游。衡湘可以假道,不必专游。计其近者,莫若由江郎三石抵九漈,遂以庚申(泰昌元年,1620年)午节③后一日,期约芳若叔父启行,正枫亭荔枝新熟时也。

【注释】

①越：即浙江省。

②九漈：闽方言，瀑布。

③午节：端午节。

【原文】

二十三日 始过江山之青湖。山渐合，东支多危峰峭嶂，西伏不起。悬望东支尽处，其南一峰特耸，摩云插天，势欲飞动。问之，即江郎山也。望而趋，二十里，过石门街。渐趋渐近，忽裂而为二，转而为三。已复半岐其首，根直剖下。迫之，则又上锐下敛，若断而复连者，移步换形，与云同幻矣。夫雁宕灵峰，黄山石笋，森立峭拔，已为瑰观。然俱在深谷中，诸峰互相掩映，反失其奇。即缙云鼎湖，穹然独起，势更伟峻。但步虚山即峙于旁，各不相降，远望若与为一。不若此峰特出众山之上，自为变幻，而各尽其奇也。

六月初七日 抵兴化府。

六月初八日 出莆郡西门，西北行五里，登岭，四十里，至莒溪，降陟不啻数岭矣。莒溪即九漈下流。过莒溪公馆，二里，由石步过溪。又二里，一侧径西向坳，北复有一磴。可转上山。时山深日酷，路绝人行，迷不知所往。余意鲤湖之水，历九漈而下，上跻必有奇境，遂趋石磴道。芳叔与奴辈惮高陟，皆以为误，顷之，境渐塞，彼益以为误，而余行益励。既而愈上愈高，杳无所极，烈日铄铄烁烁，余亦自苦倦矣。数里，跻岭头，以为绝顶也。转而西，山之上高峰复有倍此者。循山屈曲行，三里，平畴荡荡，正似武陵误入①，不复知在万峰顶上也。中道有亭，西来为仙游道，东即余所行。南过通仙桥，越小岭而下，为公馆，为钟鼓楼之蓬莱石，则雷轰漈在焉。洞出蓬莱石旁，其底石平如砺②，水漫流石面，匀如铺縠。少下，而平者多洼，其间圆穴，为灶，为臼，为樽，为井，皆以丹名，九仙之遗也。平流至此，忽下堕湖中，如万马初发，诚有雷霆之势，则第一漈之奇也。九仙祠即峙其西，前临鲤湖。湖不甚浩荡，而澄碧一泓，于万山之上，围青漾翠，造物之酝灵亦异矣。祠右有石鼓、元珠、古梅洞诸胜。梅洞在祠侧，驾大石而成者，有罅成门。透而上，旧有九仙阁，祠前旧有水晶宫，今俱圮③。当祠而隔湖下坠，则二漈至九漈之水也。余循湖右行，已至第三漈，急与芳叔返。曰："今夕当淡神休力，静晤九仙。劳心目以奇胜，且俟明日也。"返祠，往蓬莱石，跣④足步涧中。石濑⑤平旷，清流轻浅，十洲三岛，竟褰⑥衣而涉也。晚坐祠，新月正悬峰顶，俯挹平湖，神情俱朗，静中沨沨⑦，时触雷漈声。是夜祈梦祠中。

【注释】

①武陵误入：意即好似进入了桃花源。

②石平如砺：好像磨平一般。

③圮：倒塌。

④跣：光足、赤足。

⑤石濑：石上流过的急水。

⑥褰：撩起。

⑦沨沨：水声。

【原文】

初九日 辞九仙，下穷九漈。九漈去鲤湖且数里，三漈而下，久已道绝。数月前，莆田祭酒尧俞，令陆善开复鸟道，直通九漈，出莒溪。

石濑平旷

徐霞客游记

悔昨不由侧径溯漈而上，乃纡从大道，坐失此奇。遂束装改途，竟出九漈，瀑布为第二漈，在湖之南，正与九仙祠相对。湖穷而水由此飞堕深峡，峡石如劈，两崖壁立万仞。水初出湖，为石所扼，势不得出，怒从空坠，飞喷冲激，水石各极雄观。再下为第三漈之珠帘泉，景与瀑布同。右崖有亭，曰观澜。一石曰天然坐，亦有亭覆之。从此上下岭涧，盘折峡中。峡壁上覆下宽，珠帘之水，从正面坠下。玉管之水，从旁霭沸溢。两泉并悬，峡壁下削，铁障四周①，上与天并，玉龙双舞，下极潭际。潭水深泓澄碧，虽小于鲤湖，而峻壁环锁，瀑流交映，集奇撮胜，惟此为最，所谓第四漈也。

初至涧底，芳叔急于出峡，坐待峡口，不复入。余独缘涧石而进，踞潭边石上，仰视双瀑从空夭矫，崖石上覆如瓮口。旭日正在崖端，与颓波突浪，掩晕流辉。俯仰应接，不能舍去。循涧复下，忽两峡削起，一水斜回，涧右之路之穷。左望有木板飞架危矶②断磴间，乱流而渡，可以攀跻。遂涉涧从左，则五漈之石门矣。两崖至是，壁凑仅容一线，欲合不合，欲开不开，下涌奔泉，上碍云影。人缘陟其间，如猱猿然。阴风吹之，凛凛欲堕。盖自四漈来，山深路绝，幽峭已极，惟闻泉声鸟语耳。

出五漈，山势渐开。涧右危嶂屏列，左则飞凤峰回翔对之，乱流绕其下，或为澄潭，或为倒峡。若六漈之五星，七漈之飞凤，八漈之棋盘石，九漈之将军岩，皆次第得名矣。然一带云蒸霞蔚，得趣故在山水中，岂必刻迹而求乎？盖水乘峡展，既得自恣，其旁崩崖颓石，斜插为岩，横架为室，层叠成楼，屈曲成洞。悬则瀑，环则流，潴则泉。皆可坐可卧，可倚可濯③，荫竹木而弄云烟。数里之间，目不能移，足不能前者竟日。每下一处，见有别穴，必穿岩通隙而入，曲达旁疏，不可一境穷也。若水之或悬或渟④，或翼飞叠注⑤，即匡庐、三叠、雁宕、龙湫，各以一长擅胜，未若此山微体皆具也。

出九漈，沿涧依山转，东向五里，始有耕云樵石之家，然见人至，未有不惊讶者。又五里，至莒溪之石步，出向道。

【注释】

①铁障四周：把四周围得紧紧的。

②矶：水边突出之石。

③濯：洗。

④渟：水积聚而不流通。

⑤翼飞叠注：好似鸟张开翅膀腾飞、水流喷涌倾注一般。

【原文】

初十日　过蒜岭驿，至榆溪。闻横路驿西十里，有石所山，岩石最胜，亦为九仙祈梦所。闽有"春游石所，秋游鲤湖"语，虽未合其时，然不可失之交臂也。乘兴遂行。以横路去此尚十五里，乃宿榆溪。

十一日　至波黎铺，即从小路为石所游。西向山五里，越一小岭。又五里，渡溪，即石所南麓。循麓西转，仰见峰顶丛崖，如攒如劈。西北行久之，有楼傍山西向，乃登山道也。石磴颇峻，遂短衣历级而上。磴路曲折，木石阴翳，虬枝老藤，盘结危石倚欹崖之上，啼猿上下，应答不绝。忽有亭突踞危石，拔迥①凌虚，无与为对。亭当山之半。再折，石级巍然直上，级穷，则飞岩檐覆垂半空。再上两折，入石洞侧门，出即九仙阁，轩敞雅洁。左为僧庐，俱倚山凌空，可徙倚凭眺。阁后五六峭峰离立，高皆数十丈，每峰各去二三尺。峰罅石壁如削成，路屈曲罅中，可透漏各峰之顶。松偃藤延，纵目成胜。僧供茗芳逸，山所产也。侧径下,至垂岩,路左更有一径。余曰:"此必有异。"果一石洞嵌空立。穿洞而下,即至半山亭。下山,出横路而返。

　　是游也,为日六十有三,历省二,经县十九,府十一,游名山者三。

【注释】

　　①拔迥:挺拔高远。

游嵩山日记

【释题】

嵩山又称嵩岳、玄岳、中岳，为五岳之首。分太室山和少室山两大部分，以少林河为界，太室山如大屏风横亘在登封县北，少室山如一朵巨莲，耸峙在登封县西。古时称石洞为石室，该山有石洞，皆以石室相称，徐霞客的游记中也多用"石室"一词。嵩山被称为"文物之乡"，东汉三阙（太室、少室、启母）。北魏时建的嵩岳寺塔等皆很有名，另有历代碑刻，庙宇多处。

该记从嵩山外围写起，尽显嵩山周围秀色，如香炉山之奇峰异水、天山院古松玉立等，并对山下水流溪径进行了描绘与分析，其文有此精彩铺垫，为进入嵩山之游渲染了某种难得的气氛。

到了卢岩寺，即状其瀑布胜状，对山石交映成趣描写颇为成功，对太室绝顶的描写将游记引入到对嵩山最中心的考察，把太室山之雄厉展现得非常充分，其后对各山峰、洞窟、庙宇之方位，峡谷、流水之优劣一一作了记叙，最终以登少室为高潮，对少室之少林寺、珠帘飞泉、炼丹台等作了详尽的描绘，对其山势云状、寨舍林木极尽周详衍化。全文曲折有致，布局严谨，其语言的活泼生动也极为难得。

【原文】

余髫年①蓄五岳志，而玄岳出五岳上，慕尤切。久拟历襄、郧，扣太华，由剑阁连云栈为峨眉先导；而母老志移，不得不先事太和，犹属

嵩山

有方之游。第沿江溯流，旷日持久，不若陆行舟返，为时较速。乃陆行汝、邓间，路与陕、汴略相当，可以兼尽嵩、华，朝宗太岳。遂以癸亥（天启三年，1623年）仲春朔，决策从嵩岳道始。凡十九日，抵河南郑州之黄宗店。由店右登石坡，看圣僧池。清泉一涵，停碧山半。山下深涧交叠，涸无滴水。下坡行涧底，随香炉山曲折南行。山形三尖攒立如覆鼎，众山环之，秀色娟娟媚人。涧底乱石一壑，作紫玉色。两崖石壁宛转，色较缜润②。想清流汪注时，喷珠泄黛，当更何如也。十里，登石佛岭。又五里，入密县界，望嵩山尚在六十里外。从岐路东南二十五里，过密县，抵天仙院。院祀天仙，黄帝之三女也。白松在祠后中庭，相传三女蜕骨其下。松大四人抱，一本三干，鼎耸霄汉，肤如凝脂，洁逾傅粉，蟠枝虬曲，缘鬣舞风，昂然玉立半空，洵③奇观也。周以石栏。一轩临北，轩中题咏绝盛。徘徊久之，下观滴水。涧到此忽下跌，一崖上覆，水滴历历通沥其下。还密，仍抵西门。三十五里，入登封界，曰耿店。南向石淙道，遂税驾④焉。

【注释】

①髫年：幼年。

②缜润：细致而润泽。

③洵：实在是。

④税驾：停宿，税通"脱"。

【原文】

二十日 从小径南行，二十五里，皆土冈乱垄。久之，得一溪。渡溪，南行冈脊中，下瞰，则石淙在望矣。余入自大梁①，平衍广漠，古称"陆海"，地以得泉为难，泉以得石尤难。近嵩始睹蜿蜒众峰，

小径南行

于是北流有景、须诸溪，南流有颍水，然皆盘伏土碛中。独登封东南三十里为石淙，乃嵩山东谷之流，将下入于颍。一路陂陀屈曲，水皆行地中，到此忽逢怒石。石立崇冈山峡间，有当关扼险之势。水沁入胁下，从此水石融和，绮变万端。绕水之两崖，则为鹄立，为雁行。踞中央者，则为饮兕②，为卧虎。低则屿，高则台，愈高，则石之去水也愈远。乃又空其中而为窟，为洞。揆崖之隔，以寻③尺计，竟水之过，以数丈计，水行其中，石峙于上，为态为色，为肤为骨，备极妍丽。不意黄茅白苇中，顿令人一洗尘目也！

登陇，西行十里，为告成镇，古告成县地。测景台在其北。西北行二十五里，为岳庙。入东华门时，时日已下舂④，余心艳卢岩，即从庙东北循山行。越陂陀数重，十里，转而入山，得卢岩寺。寺外数武步，即有流铿然，下坠石峡中。两旁峡色氤氲成霞。溯流造寺后，峡底蠹崖，环如半规⑤，上覆下削。飞泉随空而下，舞绡曳练，霏微散满一谷，可当武彝之水帘。盖此中以得水为奇，而水复得石，石复能助水，不阻止水，又能令水飞行，则比武彝为尤胜也，徘徊其下，僧梵音以茶点饷，急返岳庙，已昏黑。

【注释】

①大梁：即开封之古称。

②兕：雌犀牛。

③寻：八尺为寻。

④舂：日落时分。

⑤半规：即半圆。

【原文】

二十一日　晨，谒岳帝。出殿，东向太室绝顶。按嵩当天地之中，祀秩①为五岳首，故称嵩高，与少室并峙，下多洞窟，故又名太室。两室相望，如双眉，然少室嶙峋，而太室雄厉称尊，俨若负扆②。自翠微以上，连崖横亘，列者如屏，展者如旗，故更觉岩岩。崇封始自上古，汉武以嵩呼之异，特加祀邑。宋时逼近京畿，典礼大备。至今绝顶犹传铁梁桥、避暑寨之名。当盛之时，固想见矣。

太室东南一支，曰黄盖峰。峰下即岳庙，规制宏壮。庭中碑石矗立，皆宋、辽以来者。登岳正道，乃在万岁峰下，当太室正南。余昨趋卢岩时，先过东峰，道中见峰峦秀出，中裂如门，或指为金峰玉女沟，从此亦有路登顶，乃觅樵预期为导，今遂从此上。近秀出处，路渐折避之，险绝不能径越也。北就土山，一缕仅容攀跻，约二十里，遂越东峰，已转出裂门之上。西度狭脊。望绝顶行，是日浓云如泼墨，余不为止。至是，岚气氤愈沉，稍开，则下瞰绝壁重崖，如列绡削玉，合则如行大海中。五里，抵天门。上下皆石崖重叠，路多积雪。导者指峻绝处为大铁梁桥。折而西，又三里，绕峰南下，得登高岩。凡岩幽者多不畅，畅者又少回藏映带之致。此岩上倚层崖，下临绝壑，洞门重峦拥护，左右环倚台嶂。初入，有洞岈然，洞壁斜透。穿行数武，崖忽中断五尺，莫可着趾。导者故老樵，猸捷③如猿猴，侧身跃过对崖，取木二枝，横架为阁道。既度，则岩穹然上覆，中有乳泉、丹灶、石榻诸胜。从岩侧跻而上，更得一台，三面悬绝壑中。导者曰："下可瞰登封，远及箕、颍。"时浓雾四塞，都无所见。出岩，转北二里，得白鹤观址。址在山坪，去险就夷，孤松挺立有旷致。又北上三里，始跻绝顶，有真武庙三楹。侧一井，甚莹，曰御井，宋真宗避暑所浚④也。

饭真武庙中。问下山道，导者曰："正道从万岁峰抵麓，二十里。若从西沟悬溜而下，可省其半，然路极险峻。"余色喜，谓嵩无奇，以无险耳。亟从之，遂策杖前。始犹依岩凌石，披丛条以降。既而从两石峡溜中直下，仰望夹崖逼天。先是，峰顶雾滴如雨，至此渐开，景亦渐奇。然皆垂沟脱磴，无论不能行，且不能止。愈下，崖势愈壮，一峡穷，复转一峡。吾目不使旁瞬⑤，吾足不容求处息也。如是十里，始出峡，抵平地，得正道。过无极洞。西越岭，趋草莽中，五里，得法皇寺。寺有金莲花，为特产，他处所无。山雨忽来，遂借榻僧寮⑥。其东石峰夹峙，每月初生，正从峡中出，所称"嵩门待月"也，计余所下之峡，即在其上，今坐对之，只觉云气出没，安知身自此中来也。

【注释】

①秩：排列次序。

②负扆：画斧之屏风。

③狷捷：敏捷。

④浚：挖掘疏导。

⑤目不使旁瞬：目不斜视。

⑥寮：小屋。

【原文】

二十二日 出山，东行五里，抵嵩阳宫废址。惟三将军柏郁然如山①，汉所封也。大者围七人，中者五，小者三。柏之北，有室三楹，祠二程先生。柏之西，有旧殿石柱一，大半没于土，上多宋人题名，可辨者为范阳祖无择、上谷寇武仲及苏才翁数人而已。柏之西南，雄碑杰然，四面刻蛟螭②甚精。右则为唐碑，裴迥撰文，徐浩八分书③也。又东二里，过崇福宫故址，又名万寿宫，为宋宰相提点处。又东为启母石，大如数间屋，侧有一平石如砥。又东八里，还饭岳庙，看宋、元碑。

西八里，入登封县。西五里，从小径西北行。又五里，入会善寺，"茶榜"在其西小轩内，元刻也。后有一石碑，仆墙下，为唐贞元《戒坛记》，汝州刺史陆长源撰文，河南陆郢书。又西为戒坛废址，石上刻镂极精工，俱断委草砾。西南行五里，出大路，又十里，至郭店。折而西南，为少林道。五里，入寺，宿瑞光上人房。

【注释】

①郁然如山：指柏树郁郁葱葱干大枝繁。

②蛟螭：一种龙。

③八分书：书法的一种。

【原文】

二十三日　云气俱尽。入正殿，礼佛毕，登南寨。南寨者，少室绝顶，高与太室等，而峰峦峭拔，负"九鼎莲花"之名。俯环其后者，为九乳峰，蜿蜒东接太室，其阴则少林寺在焉。寺甚整丽，庭中新旧碑森列成行，俱完善。夹墀①二松，高伟而整，如有尺度。少室横峙于前，仰不能见顶，游者如面墙而立，辄谓少室以远胜。余昨暮入寺，即问少室道，俱谓雪深道绝，必无往。凡登山以晴朗为佳。余登太室，云气弥漫，或以为仙灵见拒，不知此山魁梧，正须止露半面。若少室工于掩映，虽微云岂宜点滓？今则霁甚，适逢其会，乌可阻也！乃从寺南渡涧登山，六七里，得二祖庵。山至此忽截然土尽而石，石崖下坠成坑。坑半有泉，突石飞下，亦以"珠帘"名之。余策杖独前，愈下愈不得路，久之乃达，其岩雄拓不如卢岩，而深峭过之。岩下深潭泓碧，僵雪四积。再上至炼丹台，三面孤悬，斜倚翠壁，有亭曰小有天，探幽之屐指足迹，从未有抵此者。过此皆从石脊仰攀直跻，两旁危崖万仞，石脊悬其间，殆无寸土，手与足代匮而后得升②。凡七里，始跻大峰。峰势宽衍，向之危石，又截然忽尽为土。从草棘中莽莽南上，约五里，遂凌南寨顶，屏翳之土始尽。南寨实少室北顶，自少林言之为南寨去。盖其顶中裂，横界南北，北顶若展屏，南顶列戟峙其前，相去仅寻丈，中为深崖，直下如剖。两崖夹中，坑底特起一峰，高出诸峰上，所谓摘星台也，为少室中央。绝顶与北崖离倚，彼此斩绝不可度。俯瞩其下，一丝相属。余解衣从之，登其上，则南顶之九峰，森立于前，北顶之半壁横障于后，东西皆深坑，俯不见底，罡③风乍至，几假翰④飞去。

从南寨东北转，下土山，忽见虎迹大如升。草莽中行五六里，得茅庵，击石炊所携米为粥，啜三四碗，饥渴霍然去。倩庵僧为引龙潭

少室横峙

徐霞客游记

道。下一峰，峰脊渐窄，土石间出，棘蔓翳之，悬枝以行，忽石削万丈，势不可度。转而上跻，望峰势蜿蜒处趋下，而石削复如前。往复不啻数里，乃迂过一坳，又五里而道出，则龙潭沟也。仰望前迷路处，危崖欹石，俱在万仞峭壁上。流泉喷薄其中，崖石之阴森崭巖⑤者，俱散成霞绮。峡夹涧转，两崖静室如峰房燕垒。凡五里，一龙潭沉涵疑碧，深不可规测量以丈。又经二龙潭，遂出峡，宿少林寺。

【注释】

①墀：台阶上之空地。

②手与足代匮而后得升：以手足来代替登山设备而爬上山。

③罡：高空之强风。

④假翰：凭借红色的羽毛。

⑤崭巖：山高状。

【原文】

二十四日　从寺西北行，过甘露台，又过初祖庵。北四里，上五乳峰，探初祖洞。洞深二丈，阔杀之①，达摩九年面壁处也。洞门下临寺，面对少室。地无泉，故无栖者。下至初祖庵，庵中供达摩影石。石高不及三尺，白质黑章，俨然胡僧立像。中殿六祖手植柏，大已三人围，碑言自广东置钵中携至者。夹墀二松亚少林。少林松柏俱修伟，不似岳庙偃仆盘曲，此松亦然。下至甘露台，土阜蠢起，上有藏经殿。下台历殿三重，碑碣散布，目不暇接。后为千佛殿，雄丽罕匹。出饭瑞光上人舍。策骑趋登封道，过轩辕岭，宿大屯。

【注释】

①阔杀之：即宽度不及深度。

【原文】

　　二十五日　西南行五十里，山冈忽断，即伊阙也，伊水南来，经其下，深可浮数石舟。伊阙连冈，东西横亘，水上编木桥之。渡而西，崖更危耸。一山皆劈为崖，满崖镌佛其上。大洞数十，高皆数十丈。大洞外峭崖直入山顶，顶俱刊小洞，洞俱刊佛其内。虽尺寸之肤，无不满者，望之不可数计①。洞左，泉自山流下，汇为方池，余泻入伊川。山高不及百丈，而清流淙淙不绝，为此地所难。伊阙摩肩接毂②，为楚、豫大道，西北历关、陕。余由此取西岳道去。

【注释】

①此所记叙，即著名的龙门石窟。
②摩肩接毂：指接连不断，非常繁盛。

游太华山日记

【释题】

太华山即华山，远望如花擎空，故名。地处陕西省华阴南，属秦岭东段，北临渭河平原，高出众山，壁立千仞，以险绝著称。主峰有三：东峰（又称朝阳峰），南峰（落雁峰），西峰（莲花峰）。有"自古华山一条道"的说法，形容其险状。

该记从入潼关写起，对黄河在潼关的走向、东西大道的情况作了简略的记叙。然后写远望华山之状况，为进一步描写进行铺垫。

从游记中看，此游所经之地甚多，其记叙也颇杂，如三月初一日记，皆为地名罗列，对具体景观描写较少。而初二所记"从西下，复上西峰……旁有玉井甚深"之句，中间可能有遗漏的文字，因玉井不在西峰。按今之实情，华山之顶玉女、莲花、落雁峰间的山谷中有镇岳宫，玉井当在其宫前，此处读者需留意辨别。从初三日起，游记便显得从容而描绘亦更细致，对华山山形之奇，山道之险有所展示。总的看来，该篇游记稍逊于其他篇目。

【原文】

二月晦　入潼关，三十五里，乃税驾西岳庙。黄河从朔漠①南下，至潼关，折而东。关正当河、山隘口，北瞰河流，南连华岳，惟此一线。为东西大道，以百雉②锁之。舍此而北，必渡黄河，南必趋武关，而华岳以南，峭壁层崖，无可度者。未入关，百里外即见太华屼③出云

太华山

表；及入关，反为冈陇所蔽。行二十里，忽仰见芙蓉片片，已直造其下，不特三峰秀绝，而东西拥攒诸峰，俱片削层悬。惟北面时有土冈，至此尽脱山骨，竟发为极胜处。

【注释】

①朔漠：北方沙漠之地。

②百雉：长而高大之城墙。

③屼：突兀。

【原文】

三月初一日 入谒西岳神，登万寿阁。向岳南趋十五里，入云台观。觅导于十方庵。由峪①口入，两崖壁立，一溪中出，玉泉院当其左。循溪随峪行，十里，为莎萝宫，路始峻。又十里，为青柯坪，路少坦。五里，过寥阳桥，路遂绝。攀锁上千尺㠉，再上百尺峡。从崖左转，上老君犁沟，过猢狲岭。去青柯五里，有峰北悬深崖中，三面绝壁，则白云峰也。舍之南，上苍龙岭，过日月岩。去犁沟又五里，始上三峰足。望东峰侧而上，谒玉女祠，入迎阳洞。道士李姓者，留余宿。乃以余晷②上东峰，昏，返洞。

【注释】

①峪：山谷。

②余晷：日影，此即剩余时间。

【原文】

初二日 从南峰北麓上峰顶，悬南崖而下，观避静处。复上，直跻峰绝顶。上有小孔，道士指为仰天池。旁有黑龙潭。从西下，复上西峰。峰上石耸起，有石片覆其上如荷叶。旁有玉井甚深，以阁掩其上，不知何故。还饭于迎阳。上东峰，悬南崖而下，一小台峙绝壑中，是为棋盘台。既上，别道士，从旧径下，观白云峰，圣母殿在焉。下到莎萝坪，暮色逼人，急出谷，黑行三里，宿十方庵。出青柯坪左上，有杻渡庵、毛女洞。出莎萝坪右上，有上方峰。皆华之支峰也。路俱峭削，以日暮不及登。

初三日 行十五里，入岳庙。西五里，出华阴西门，从小径西南二十里，入泓峪，即华山之西第三峪也。两崖参天而起，夹立甚隘，水奔流其间。循涧南行，倏而东折，倏而西转。盖山壁片削，俱犬牙错入，行从牙罅中，宛转如江行调舱然。二十里，宿于木柸。自岳庙来，四十五里矣。

初四日 行十里，山峪既穷，遂上泓岭。十里，蹑其巅。北望太华，兀立天表。东瞻一峰，嵯峨①特异，土人云赛华山。始悟西南三十里有少华②，即此山矣。南下十里，有溪从东南注西北，是为华阳川。溯川东行十里，南登秦岭，为华阴、洛南界。上下共五里。又十里为黄螺铺。循溪东南下，三十里，抵杨氏城。

初五日 行二十里，出石门，山始开。又七里，折而东南，入隔凡峪。西南二十里，即洛南县峪。东南三里，越岭，行峪中。十里，出山，则洛水自西而东，即河南所渡之上流也。渡洛复上岭，曰田家原。五里，下峪中，有水自南来入洛。溯之入，十五里，为景村。山复开，始见稻畦。过此仍溯流入南峪，南行五里，至草树沟。山空日暮，借宿山家。

自岳庙至木柸，俱西南行，过华阳川则东南矣。华阳而南，溪渐大，山渐开，然对面之峰峥峥③也。下秦岭，至杨氏城。两崖忽开忽合，一时互见，又不比木柸峪中，两崖壁立，有回曲无开合也。

【注释】

①嵯峨：山岭巍峨险峻的样子。

②少华：即少华山。

③峥峥：高峻挺拔。

【原文】

初六日 越岭两重，凡二十五里，饭坞底岔。其西行道，即向洛南者。又东南十里，入商州界，去洛南七十余里矣。又二十五里，上仓龙岭。蜿蜒行岭上，两溪屈曲夹之。五里，下岭，两溪适合。随溪行老君峪中，十里，暮雨忽至，投宿于峪口。

初七日 行五里，出峪。大溪自西注于东，循之行十里，龙驹寨。寨东去武关九十里，西向商州，即陕省间道①，马骡商货，不让潼关道中②。溪下板船，可胜五石舟。水自商州西至此，经武关之南，历胡村。至小江口入汉者也。遂趋觅舟。甫定，雨大注，终日不休，舟不行。

【注释】

①间道：偏僻之捷路。

②不让潼关道中：意即不比潼关道中少。

【原文】

初八日 舟子以贩盐故，久乃行，雨后，怒溪如奔马，两山夹之，曲折萦回，轰雷入地之险，与建溪无异。已而雨复至。午抵影石滩，雨大作，遂泊于小影石滩。

初九日 行四十里，过龙关。五十里，北一溪来注，则武关之流也。其地北去武关四十里，盖商州南境矣。时浮云已尽，丽日乘空，山岚重叠竞秀。怒流送舟，两岸浓桃艳李，泛光欲舞，出坐船头，不觉欲仙也。又八十里，日才下午，榜人①以所带盐化迁柴竹，屡止不进。夜宿于山涯之下。

　　初十日　五十里，下莲滩。大浪扑入舟中，倾囊倒箧，无不沾濡。二十里，过百姓滩，有峰突立溪右，崖为水所摧，岌岌欲堕。出蜀西楼，山峡少开，已入南阳淅川境，为秦、豫界。三十里，过胡村。四十里，抵石庙湾，登涯投店。东南去均州，上太和，盖一百三十里云。

【注释】
　　①榜人：摇船的人。

出坐船头

游太和山日记

【释题】

太和山即武当山。相传真武曾修炼于此，为道教名山，亦以传授武当派拳术著称。山在湖北均县西南境，有72峰、36岩、24涧、11洞、10池、9井等自然风景。其山中殿宇规模宏大，现保留有太和、南岩、紫霄、遇真、玉虚、五龙等六宫，复真、无和二观。全山游程达60千米。

下笔之初，该篇日记即对太和山地区的行政区划予以记叙，并对其风物景色给予了令人赏心悦目的描绘，如："自此连逾山岭，桃李缤纷，山花夹道，幽艳异常。"显然，徐霞客对武当山的印象颇佳。

从"第一山"之米芾书法写起，寻紫霄宫，摩展旗峰，对山中异品榔梅亦有所记载。山峰接踵而至，徐霞客笔下生花，至天柱峰，则尽力描摹峰高险绝。继而，对金顶之幽绝亦赞不绝口，文中还有有趣的索取榔梅果实情节的描写，让人倍感亲切动人。描写滴水、仙侣二岩时，已是游踪将止，但其意兴之浓，不逊于前。

武当乃道教名山，徐霞客笔下的仙观玉宇也处处透出道教风味，对各祠、殿的描绘也精练纯粹。更有结尾处对杏花美景、桃雨烟柳的再现，显示出一种对名山仙道的美好情感。

【原文】

十一日 登仙猿岭。十余里，有枯溪小桥，为郧县境，乃河南、湖广界。东五里，有池一泓，曰青泉，上源不见所自来，而下流淙淙，地又属淅川。盖二县界址相错，依山溪曲折，路经其间故也。五里，越一小岭，仍为郧县境。岭下有玉皇观、龙潭寺。一溪滔滔自西南走东北，盖自郧中来者。渡溪，南上九里冈，经其脊而下，为蟠桃岭，溯溪行坞中十里，为葛九沟。又十里，登土地岭，岭南则均州境。自此连逾山岭，桃李缤纷，山花夹道，幽艳异常。山坞之中，居庐相望，沿流稻畦，高下鳞次①，不似山，陕间矣。但途中蹊径狭，行人稀，且闻虎暴叫，日方下春，竟止坞中曹家店。

十二日 行五里，上火龙岭。下岭随流出峡，四十里，下行头冈。十五里，抵红粉渡，汉水汪然西来，涯下苍壁悬空，清流绕面。循汉东行，抵均州。静乐宫当州之中，踞城之半，规制宏整。停行李于南城外，定计明晨登山。

十三日 骑而南趋，石道平敞。三十里，越一石梁，有溪自西东注，即太和下流入汉者。越桥为迎恩宫，西向。前有碑大书"第一山"三字，乃米襄阳②笔，书法飞动，当亦第一。又十里，过草店，襄阳来道，亦至此合。路渐西向，过遇真宫③，越两隘下，入坞中。从此西行数里，为趋玉虚④道。南跻上岭，则走紫霄间道也。登岭。自草店至此，共十里，为回龙观。望岳顶青紫插天，然相去尚五十里。满山乔木夹道，密布上下，如行绿幕中。

从此沿山行，下而复上，共二十里，过太子坡。又下入坞中，有石梁跨溪，是为九渡涧下流。上为平台十八盘，即走紫霄、登太和大道。左入溪，即溯九渡涧，向琼台观及八仙罗公院诸路也。峻登十里，则紫霄宫在焉。紫霄前临禹迹池，背倚展旗峰，层台杰殿，高敞特异。入殿瞻谒。由殿右上跻，直造展旗峰之西。峰畔有太子洞、七星岩，俱不暇问。共五里，过南岩之南天门。舍之西，度岭，谒榔仙祠。祠与南岩对峙，前有榔树特大，无寸肤，赤干耸立，纤芽未发。旁多榔梅树，亦高耸，花色深浅如桃杏，蒂垂丝作海棠状。梅与榔本山中两种，相传玄帝插梅寄榔⑤，成此异种云。

　　共五里，过虎头岩。又三里，抵斜桥。突峰悬崖，屡屡而是，径多循峰隙上。五里，至三天门，过朝天宫，皆石级曲折上跻，两旁以铁柱悬索。由三天门而二天门、一天门，率取径峰坳间，悬级直上。路虽陡峻，而石级既整，栏索钩连，不似华山悬空飞度也。太和宫在三天门内。日将晡⑥，竭力造金顶，所谓天柱峰也。山顶众峰，皆如覆钟峙鼎，离离攒立。天柱中悬，独出众峰之表，四旁崭绝。峰顶平处，纵横止及寻丈。金殿峙其上，中奉玄帝及四将，炉案俱具，悉以金为之。督以一千户、一提点，需索香金，不啻御夺。余入叩匆匆，而门已阖，遂下宿太和宫。

【注释】

①高下鳞次：犹如鱼鳞般整齐地排列着。

②米襄阳：即宋代著名书画家米芾。

③遇真宫：位于武当山北。

④玉虚：即玉虚宫。

⑤插梅寄榔：将梅嫁接于榔。

⑥晡：黄昏。

【原文】

　　十四日　更衣上金顶。瞻叩毕，天宇澄朗，下瞰诸峰，近者鹄①峙，远者罗列，诚天真奥区也②！遂从三天门之右小径下峡中。此径无级无索，乱峰离立，路穿其间，迥觉幽胜。三里余，抵蜡烛峰右，泉涓涓溢出路旁，下为蜡烛涧。循涧右行三里余，峰随山转，下见平丘中开，为上琼台观。其旁榔梅数株，大皆合抱，花色浮空映山，绚烂岩际。地既幽绝，景复殊异。余求榔梅实，观中道士噤不敢答。既而曰："此系禁物。前有人携出三四枚，道流株连破家者数人。"余不信，求之益力，出数枚畀③余，皆已黝烂，且叮无令人知。及趋中琼台，余复求之，主观仍辞谢弗有。因念由下琼台而出，可往玉虚岩，便失南岩、紫霄，奈何得一失二，不若仍由旧径上，至路旁泉溢处，左越蜡烛峰，去南岩应较近。忽后有追呼者，则中琼台小黄冠，以师命促余返。观主握手曰："公渴求珍植，幸得两枚，少慰公怀。但一泄于人，罪立至矣。"出而视之，形侔④金橘，渍⑤以蜂液，金相玉质，非凡品也。珍谢别去。复上三里余，直造蜡烛峰坳中。峰参差廉利⑥，人影中度，兀兀欲动。既度，循崖宛转，连越数重。峰头土石往往随地异色。既而闻梵颂声，则仰见峰顶遥遥上悬，已出朝天宫右矣。仍上八里，造南岩之南天门，趋谒正殿，右转入殿后，崇崖嵌空，如悬廊复道，蜿蜒山半，下临无际，是名南岩，亦名紫霄岩，为三十六岩之最，天柱峰正当其面。自岩还至殿左，历级坞中，数抱松杉，连阴挺秀。层台孤悬，高峰四眺，是名飞昇台。暮返宫，贿其小徒，复得榔梅六枚。明日再索之，不可得矣。

【注释】

①鹄：天鹅。

②诚天真奥区也：实在是未受人世礼俗影响的中心腹地！

③畀：给予。

④侔：相同。

突石危岩

⑤溓：渗。

⑥廉利：棱角锋利。

[原文]

十五日 从南天门宫左趋雷公洞。洞在悬崖间。余欲返紫霄，由太子岩历不二庵，抵五龙。舆者轿夫谓迂曲不便，不若由南岩下竹笆桥，可览滴水岩、仙侣岩诸胜。乃从北天门下，一径阴森，滴水、仙侣二岩，俱在路左，飞崖上突，泉滴沥于中，中可容室，皆祠真武。至竹笆桥，始有流泉声，然不随涧行。乃依山越岭，一路多突石危岩，间错于乱蒨①丛翠中，时时放榔梅花，映耀远近。

过白云、仙龟诸岩，共二十余里，循级直下涧底，则青羊桥也。涧即竹笆桥下流，两崖翁葱蔽日，清流延回，桥跨其上，不知流之所云。仰视碧落，宛若瓮口。度桥，直上攒天岭。五里，抵五龙宫，规制与紫霄南岩相伯仲。殿后登山里许，转入坞中，得自然庵。已还至殿右，折下坞中，二里，得凌虚岩。岩倚重峦，临绝壑，面对桃源洞诸山，嘉木尤深密，紫翠之色互映如图画，为希夷②习静处。前有传经台，孤瞰壑中，可与飞升作匹。还过殿左，登榔梅台，即下山至草店。

华山四面皆石壁，故峰麓无乔枝异干。直至峰顶，则松柏多合三人围者。松悉五鬣，实大如莲，间有未堕者，采食之，鲜香殊绝。太和则四山环抱，百里内密树森罗，蔽日参天。至近山数十里内，则异杉老柏合三人抱者，连络山坞，盖国禁也。嵩、少之间，平麓上至绝顶，樵伐无遗，独三将军树巍然杰出耳。山谷川原，候同气异。余出嵩、少，始见麦畦青。至陕州，杏始花，柳色依依向人。入潼关，则驿路既平，垂杨夹道，梨李参差矣。及转入泓峪，而层冰积雪，犹满涧谷，真春风所不度也。过坞底岔，复见杏花。出龙驹寨，桃雨柳烟，所在都有。忽忆日已清明，不胜景物悴忧伤情。遂自草店，越二十四日，浴佛后一日抵家。以太和榔梅为老母寿。

【注释】

①乱蒨：野草。

②希夷：即唐末隐士陈抟，号希夷先生。

闽游日记

【释题】

闽即福建省的简称。秦时即设闽中郡。该省最大的河流称闽江，因此该省简称"闽"。《闽游日记》分前后两部分，前部即作者于1628年游闽时所记，后部则是作者1630年再次游闽时的记录，因游览线路不同，故所记所感俱不同。

日记前篇记述他于1628年入闽游历所见，后篇则述1630年他再次游闽所见。在此之前，徐霞客于1616年游武夷山，1620年游九鲤湖，均分别作记。

前篇记述了他由丹枫岭入闽，经浦城达今建瓯，再至延平府（今南平），乘舟达永安。中途兴游金斗山，对其乔松艳草、水色山光颇为流连。在延平，游历玉华洞，并对在延平遇雪作了有趣记录，尽抒赤足奔于雪中的自然豪情。至于对玉华洞的描绘，极尽曲折手法，对洞外洞内之景皆观察细致，对洞内钟乳形态、颜色的描绘也尽其手段，显示出他对自然的高妙体悟。在永安，登临马山岭，远眺众山，心中爽快。再南下，向漳平进发。再乘船入九龙江，对沿江两岸之境颇着笔墨，并对其江流水况亦作了描述。

此游记止于抵南靖。

后篇所记是1630年入闽的游历。此次重记仙霞岭风光，其游迹有的与前次相同，亦有新的探险，如游龙洞、探龙池，脱衣奋力摩背贴胸而入之情景，既显其地之险胜又显其人之执着，非如此不能见新景。其下的描绘记游多笔墨酣畅，对山峰石笋、嫩绿浮烟俱尽情细写，直至延平。

到永安境内，游巩川（今贡川），描述山岩溪水甚精妙，特别对桃源洞之景的描绘引人入胜。入九龙江，对江流石岸峰烟树影多有妙笔，其刻画之精细比前篇更胜一筹。因其次游是受漳州司理所邀，故游踪以抵漳州为止。

【原文】

崇祯改元戊辰之仲春①，发兴为闽、广游。二十日始成行。三月十一日，抵江山之青湖，为入闽登陆道。十五里，出石门街，与江郎为面，如故人再晤。十五里，至峡口，已暮。又行十五里，宿于山坑。

【注释】

①崇祯改元戊辰：即1628年，崇祯朱由检即位，更改年号，故称"改元"。

【原文】

十二日　二十里，登仙霞岭。三十五里，登丹枫岭①，岭南即福建界。又七里，西有路越岭而来，乃江西永丰道，去永丰尚八十里。循溪折而东，八里，至梨岭麓，四里登其巅，前六里，宿于九牧②。

十三日　三十五里，过岭，饭于仙阳。仙阳岭不甚高，而山鹃丽日，颇可爱。饭后得舆，三十里，抵浦城，日未晡也。时道路俱传泉、兴海盗为梗，宜由延平上永安。余亦久蓄玉华之兴，遂觅延平舟。

十四日　舟发四十里，至观前。舟子省家③早泊，余遂过浮桥，循溪左登金斗山。石磴修整，乔松艳草，幽袭人裾！过三亭，入玄帝宫；由殿后登岭。兀兀中悬，四山环拱，重流带之，风烟欲暝，步步惜别！

十五日 辨色④即行。悬流鼓楫⑤，一百二十里，泊水矶。风雨彻旦，溪喧如雷。

【注释】

①丹枫岭：即福建与浙江交界处的枫岭关。

②九牧：位于今福建省。

③省家：回家探亲。

④辨色：天刚蒙蒙亮。

⑤悬流鼓楫：奔流的江水驱动舟船。

【原文】

十六日 六十里，至双溪口，与崇安水合。又五十五里，抵建宁郡。雨不止。

十七日 水涨数丈，同舟俱阁不行。上午得三板舟，附之行。四十里，太平驿，四十里，大横驿，过如飞鸟。三十里，黯淡滩，水势奔涌。余昔游鲤湖过此，但见穹石崿①峙，舟穿其间，初不谓险；今则白波山立，石悉没形，险倍昔时。十里，至延平。

【注释】

①崿：山崖。

[原文]

十八日 余以轻装出西门，为玉年洞游。南渡溪，令奴携行囊，由沙县上水至永安相待。余陆行四十里，渡沙溪而西。将乐之水从西来，沙县之水从南来，至此合流，亦如延平之合建溪也。南折入山，六十里，宿三连铺，乃瓯宁、南平、顺昌三县之界。

十九日 五里，越白沙岭，是为顺昌境。又二十五里，抵县。县临水际，邵武之水从西来，通光泽。归化之水从南来，俱会城之东南隅。隔水望城，如溪堤带流也。循水南行三十里，至杜源，忽雪片如掌。十五里，至将乐境，乃杨龟山①故里也。又十五里，为高滩铺。阴霾尽舒，碧空如濯，旭日耀芒，群峰积雪，有如环玉。闽中以雪为奇，得之春末为尤奇。村氓②市媪，俱曝日提炉；而余赤足飞腾，良大快也！二十五里，宿于山涧渡之村家。

二十日 渡山涧，溯大溪南行。两山成门曰莒峡。溪崖不受趾③，循山腰行。十里，出莒峡铺，山始开。又十里，入将乐。出南关，渡溪而南，东折入山，登滕岭。南三里，为玉华洞道。先是过滕岭，即望东南两峰耸立，翠壁嶙峋，迥与诸峰分形异色。抵其麓，一尾横曳，回护洞门。门在山坳间，不甚轩豁，而森碧上交，清流出其下，不觉神骨俱冷！山半有明台庵，洞后门所经。余时未饭，复出道左登岭。石磴萦松，透石三里，青芙蓉顿开，庵当其中。饭于庵，仍下至洞前门，觅善导者。乃碎斫松节置竹篓中，导者肩负之，手提铁络，置松燃火，烬辄益之。初入，历级而下者数尺，即流所从出也。溯流屈曲，度木板者数四，倏隘倏穹，倏上倏下；石色或白或黄，石骨或悬或竖，惟"荔枝柱"、"风泪烛"、"幔天帐"、"达摩渡江"、"仙人田"、"葡萄伞"、"仙钟"、"仙鼓"最肖。沿流既穷，悬级而上，是称"九重楼"。遥望空濛④，忽曙色欲来，所谓"五更天"也。至此最奇，恰与张公洞由暗而明者一致。盖洞门斜启，玄朗映彻，犹未睹天碧也。从侧岭仰瞩，得洞门一隙，直受圆明。其洞口由高而坠，弘含奇瑰，亦与张公同。第张公森悬诡丽者，俱罗于受明之处；此洞眩巧争奇，遍布幽奥，而辟户更拓；两洞同异，正在伯仲间也。拾级上达洞顶，则穹崖削天，左右若青玉赪⑤肤，实出张公所未备。下山即为田塍。四山环锁，水出无路，汩然中坠，盖即洞间之流，此所从入也。复登山半，过明台庵。庵僧曰："是山石骨棱厉，透露处层层有削玉裁云态，苦为草树所翳，故游者知洞而不知峰。"遂导余上拾鸟道，下披蒙茸，得星窟焉。三面削壁丛悬，下坠数丈。窟旁有野橘三株，垂实累累。从山腰右转一二里，忽两山交脊处，棘翳四塞，中有石磴齿齿，萦回于悬崖夹石间。仰望峰顶，一笋森森独秀。遂由洞后穹崖之上，再历石门，下浴庵中，宿焉。

【注释】

①杨龟山：即杨时。

②氓：通"民"。

③受趾：指落脚。

④空濛：水雾迷蒙。

⑤赪：红。

【原文】

二十一日　仍至将乐南门，取永安道。

二十四日　始至永安，舟奴犹未至。

二十五日　坐待奴于永安旅舍。乃市顺昌酒，浮白饮酒楼下。忽呼声不绝，则延平奴也。遂定明日早行计。

二十六日　循城溯溪，东南二十里，转而南；二十五里，登大泄岭，岩峣①行云雾中。如是十五里，得平阪，曰林田。时方下午，雨大，竟止。林田有两溪自南来：东浑赤如血，西则一川含绿，至此合流。

【注释】

①岩峣：高峻。

【原文】

二十七日　溯赤溪行。久之，舍赤溪，溯澄溪。共二十里，渡坑源上下桥，登马山岭。转上转高，雾亦转重，正如昨登大泄岭时也。五里，透其巅，为宁洋界。下五里，饭于岭头。时旭日将中，万峰若引镜照面。回望上岭已不可睹，而下方众岫①骈列，无不献形履下。盖马山绝顶，峰峦自相亏蔽，至此始廓然为南标。询之土人，宁洋未设县时，此犹属永安，今则岭北水俱北者属延平，岭南水俱南者属漳州。随山奠川②，固当如此建置也。其地南去宁洋三十里，西为本郡之龙岩，东为延平之大田云。下山十里，始从坑行。渡溪桥而南，大溪遂东去。逾岭，复随西来小溪南行，二十里，抵宁洋东郭。绕城北而西，则前大溪经城南来，恰与小溪会，始胜舟。

二十八日　将南下，传盗警，舟不发者两日。

四月初一日　平明，舟始前，溪从山峡中悬流南下。十余里，一峰突而西，横绝溪间，水避而西，复从东折，势如建瓴③，曰石嘴滩。乱石丛立，中开一门，仅容舟。舟从门坠，高下丈余，余势屈曲，复高下数丈，较之黯淡诸滩，大小虽殊悬，险更倍之也。

众舟至此，俱鳞次以下。每下一舟，舟中人登岸，共以缆前后倒

山峡危逼

曳之，须时乃放。过此，山峡危逼，复嶂插天，曲折破壁而下，真如劈翠穿云也。三十里，过馆头，为漳平界。一峰又东突，流复环东西折，曰溜水滩。峰连嶂合，飞涛一缕，直舟从云汉④，身挟龙湫矣。已而山势少开，二十余里，为石壁滩。其石自南而突，与流相扼，流不为却，捣击之势，险与石嘴、溜水而三也。下此，有溪自东北来合。再下，夹溪复至东北来合，溪流遂大，势亦平。又东二十里，则漳平县也。

宁洋之溪，悬溜迅急，十倍建溪。盖浦城至闽安入海，八百余里，宁洋至海澄入海，止三百余里，程愈迫，则流愈急。况梨岭下至延平，不及五百里，而延平上至马岭，不及四百而峻，是二岭之高伯仲也。其高既均，而入海则减，雷轰入地之险，宜咏于此。

【注释】

①众岫：众山。
②随山奠川：水势随山势流转。
③势如建瓴：意即水势急而畅。
④云汉：天河。

【原文】

初二日　下华封舟。行数里，山势复合，重滩叠溜，若建溪之太平、黯淡者，不胜数也。六十里，抵华封，北溪至此，皆从石脊悬泻，舟楫不能过，遂舍舟逾岭。凡水惟滥觞发源之始，不能浮槎①，若既通，而下流反阻者，止黄河之三门集津，舟不能上下；然汉、唐挽漕，缆迹犹存。未若华封自古及今，竟无问津之时。拟沿流穷其险处，而居人惟知逾岭，无能为导。

【注释】

①槎：竹筏。

【原文】

初三日　登岭，十里，至岭巅，则溪水复自西来，下循山麓，俯瞰只一衣带水耳。又五里，则陨①然直下，又二里，抵溪。舟行八十里，至西溪。西南陆行三十里，即漳郡。顺流东南二十里，为江东渡，乃兴、泉东来驿道也。又顺流六十里，则出海澄入海焉。

初四日 舆行二十里，入漳之北门。访叔司理[2]，则署印南靖，去郡三十里。遂雨中出南门，下夜船往南靖。

初五日 晓达南靖，以溯流迂曲也。溪自南平来，到南靖六十里，势于西溪同其浩荡，经漳郡南门，亦至海澄入海。不知漳之得名，两溪谁执牛耳[3]也？

【注释】

①陨：坠落。

②司理：宋代官名。

③执牛耳：谁将称霸，谁为盟主之意。

游天台山日记（后）

【释题】

此篇日记为徐霞客第二次游天台山时所记，该记对天台山水系分析得很细致精确。

此篇游记重点记录了作者探石笋奇观、览螺蛳潭大水、登桐柏山、阅百丈龙潭等所见，其后急变游踪，忽趋桃源涧，最后对天台山水系作了较为完整的分析与介绍。

该记语言十分优美，对山峰、山洞、溪流、林木、宫阙等景观所显示的不同特点皆点化成趣，而对水态溪流的分析介绍皆准确实在，可见其考察的细致与追求科学的精神，比起第一篇《游天台山日记》来，更见功夫。

【原文】

壬申（1632年）三月十四日 自宁海发骑①，四十五里，宿岔路口。其东南十五里，为桑洲驿，乃台郡道也。西南十里，松门岭，为入天台道。

【注释】

①发骑：骑马出发。

【原文】

十五日 渡水母溪，登松门岭，过玉爱山，共三十里，饭于筋竹岭庵，其地为宁海、天台界。陟①山冈三十余里，寂无人烟，昔弥陀庵亦废。下一岭，丛山杳冥中，得村家，瀹②茗饮石上。又十余里，逾岭而入天封寺。寺在华顶峰下，为天台幽绝处。却骑，同僧无馀上华顶寺，宿净因房，月色明莹。其地去顶尚三里，余乘月独上，误登东峰之望海尖，西转，始得路至华顶。归寺已更余矣。

【注释】

①陟：登。

②瀹：煮。

【原文】

十六日　五鼓，乘月上华顶，观日出。衣履尽湿，还炙衣寺中。从寺右逾一岭，南下十里，至分水岭。岭西之水出石梁，岭东之水出天封。循溪北转，水石渐幽。又十里，过上方广寺抵昙花亭，观石梁奇丽，若初识者。

十七日　仍出分水岭，南十里，登察岭。岭甚高，与华顶分南北界。西下至龙王堂，其地为诸道交会处。南十里，至寒风阙。又南下十里，至银地岭，有智者塔已废。左转得大悲寺，寺旁有石，为智者拜经台。寺僧恒如为炊饭，乃分行囊，从国清下。至县，余与仲昭兄以轻装东下高明寺。寺为无量讲师复建，右有幽溪。溪侧诸胜曰圆通洞、松风阁、灵响岩。

十八日　仲昭①坐圆通洞，寺僧导余探石笋之奇。循溪东下，抵螺溪。溯溪北上，两崖峭石夹立，树巅飞瀑纷纷。践石蹑流，七里，山回溪坠，已到石笋峰底，仰面峰莫辨，以右崖掩之也。从崖侧逾隙而下，反出石笋之上，始见一石矗立涧中，涧水下捣其根，悬而为瀑,亦水石奇胜处也。循溪北转,两崖愈峭,下汇为潭,是为螺蛳潭,上壁立而下渊深。攀崖侧悬藤,踞石遥睇其内。潭上石壁,中劈为四岐,若交衢②然。潭水下薄,不能窥其涯涘③。最内两崖之上,一石横嵌,俨若飞梁。梁内飞瀑自上坠潭中,高与石梁等。四旁重崖回映,可望而不可即,非石梁所能齐也。其上有"仙人鞋",在寒风阙之左可逾岭而至。雨骤,不成行,还憩松风阁。

【注释】

①仲昭:徐仲昭,徐霞客之族兄。

②衢:道路交叉口。

③涘:水边。

【原文】

二十日　抵天台县。至四月十六日,自雁宕返,乃尽天台以西之胜。北七里,至赤城麓,仰视丹霞①层亘,浮屠②标其巅,兀立于重岚攒翠间。上一里,至中岩,岩中佛庐新整,不复似昔时凋敝。时急于"琼台双阙",不暇再蹑上岩,遂西越一岭,由小路七里,出落马桥。又十五里,西北至瀑布山左登岭。五里,上桐柏山。越岭而北,得平畴一围,群峰环绕,若另辟一天。桐柏宫正当其中,惟中殿仅存,夷、齐③二石像尚在右室,雕琢甚古,唐以前物也。黄冠久无住此者,群农见游客至,俱停耕来讯,遂挟一人为导。西三里,越二小岭,下层崖中,登琼台焉。一峰突瞰重坑,三而俱危崖回绕。崖右之溪,从西北万山中直捣峰下,是为百丈崖。崖根涧水,至琼台脚下,一泓深碧如黛,是名"百丈龙潭"。峰前复起一峰,卓立如柱,高与四围之崖等,即琼台也。台后倚百丈崖,前即双阙对峙,层崖外绕,旁绝附丽④。登台者从北峰悬坠而下，度坳脊处咫尺，复攀枝仰陟而上，俱在削石流沙间，趾无所着也。从台端再攀历南下，有石突起，窟其中为龛如琢削而就者，曰仙人坐。琼台之奇，在中悬绝壑，积翠四绕。双阙亦其外绕中对峙之崖，非由洞底再上，不能登也。忆余二十年前，同云峰自桃源来，溯其外涧入，第深穷窟奥。今始俯瞰于崖端，高深俱无遗胜矣。饭桐柏宫，仍下山麓，南从小径渡溪，十里，出天台、关岭之官道。复南入小径，隙行十里，路左一峰，兀立若天柱，问知为青山茁。又溯南来之溪，十里，宿于坪头潭之旅舍。

【注释】

①丹霞：红色山崖。

②浮屠：佛塔。

③夷、齐：即伯夷、叔齐。

④旁绝附丽：四周无依附之物。

【原文】

十七日　由坪头潭西南八里，至江司陈氏。渡溪左行，又八里，南折入山。陟小岭二重，又六里，重溪回合中，忽石岩高峙，其南即寒岩，东即明岩也。令童先驰，炊于明岩寺。余辈遂南向寒岩，路左俱悬崖盘列，中有一洞岈然。洞前石兔蹲伏，口耳俱备。路右即大溪萦回，中一石突出如擎①盖，心颇异之。既入寺，向僧索龙须洞灵芝石，即此也。寒岩在寺后，宏敞有余，玲珑未足。由洞右一上视鹊桥而出。由旧路一里，右人龙须洞。路为莽棘所翳②，上跻里许，如历九霄。此洞圆耸明豁，洞中斜倚一石，颇似雁宕之石梁，而梁顶有泉中洒，与宝冠之芭蕉洞如出一冶③。下山，仍至旧路口，东溯小溪，南转入明岩寺。寺在岩中,石崖四面环之,止东面八寸关通路一线。寺后洞窈窕非一,洞右有石笋突起,虽不及灵芝之雄伟,亦具体而微矣。饭后,由故道骑而驰,三十里,返坪头潭。又北二十五里,过大溪,即西从关岭来者,是为三茅。又北五里,越小涧二重,直抵北山下,入护国寺宿焉。

岚翠交流

【注释】

①擎：举。

②翳：遮掩。

③如出一冶：如出一辙的意思。

【原文】

十八日　晨，急诣①桃源。桃源在护国东二里，西去桐柏仅八里。昨游桐柏时，留为还登万年之道，故选寒、明②。及抵护国，知其西有秀溪，由此入万年，更可收九里坑之胜，于是又特趋桃源。初由涧口入里许，得金桥潭。由此而上，两山愈束，翠壁穹崖，层累曲折，一溪介其中。溯之，三折而溪穷，瀑布数丈，由左崖泻溪中。余昔来瀑下，路穷莫可上，仰视穹崖北峙，溪左右双鬟诸峰，娟娟攒立，岚翠交流，几不能去。今忽从右崖丛莽中，寻得石径层叠，遂不及呼仲昭，冒雨拨棘而上。磴级既尽，复叠石横栈，度崖之左，已出瀑上。更溯之入，直抵北岩下，蹊磴俱绝，两瀑自岩左右分道下。遥睇岩左，犹有遗磴，从之，则向有累石为桥于左瀑上者，桥已中断，不能度。睇瀑之上流，从东北夹壁中来，止容一线，可践流而入。计其胜，不若右岩之瀑，乃还从大石间向西北上跻，抵峡窟下，得重潭甚厉③，四面俱直薄④峡底，无可缘陟。第从潭中西望，见石峡之内，复有石峡，瀑布之上，更悬瀑布，皆从西北杳冥⑤中来，至此缤纷乱坠于回崖削壁之上，岚光掩映，石色欲飞。久之，还出层瀑下。仲昭以觅路未得，方独坐观瀑，遂同返护国。闻桃源溪口，亦有路登慈云、通元二寺，入万年，路较近。特以秀溪胜，故饭后仍取秀溪道。西行四里，北折入溪，溯流三里渐转而东向，是为九里坑。坑既穷，一瀑破东崖下坠，其上乱峰森立，路无可上。由西岭攀跻，绕出其北，回瞰瀑背，石门双插，内有龙潭在焉。又东北上数里，逾岭，山坪忽开，五峰围拱，中得万年寺，去护国三十里矣。万年为天台西境，正与天封相对，石梁当其中。地中古杉甚多。饭于寺。又西北三里，逾寺后高岭。又向西升陟岭角者十里，乃至腾空山。下牛牯岭，三里抵麓。又西逾小岭三重，共十五里，出会墅。大道自南来，望天姥山在内，已越而过之，以为会墅乃平地耳。复西北下三里，渐成溪，循之行五里，宿班竹旅舍。

天台之溪，余所见者，正东为水母溪。察岭东北，华顶之南，有分水岭，不甚高。西流为石梁，东流过天封，绕摘星岭而东，出松门岭，由宁海而注于海。正南为寒风阙之溪，下至国清寺，会寺东佛陇之水，由城西而入大溪者也。国清之东为螺溪，发源于仙人鞋，下坠为螺蛳潭，出与幽溪会，由城东而入大溪者也。又东有楢溪诸水，余屐未经。国清之西，其大者为瀑布水，水从龙王堂西流，过桐柏为女梭溪，前经三潭，坠为瀑布，则清溪之源也。又西为琼台、双阙之水，其源当发于万年寺东南，东过罗汉岭，下深坑而汇为百丈崖之龙潭，绕琼台而出，会于青溪者也。又西为桃源之水，其上流有重瀑，东西交注，其源当出通元左右，未能穷也。又西为秀溪之水，其源出万年寺之岭，西下为龙潭瀑布，西流为九里坑，出秀溪东南而去。诸溪自青溪以西，俱东南流入大溪。又正西有关岭、王渡诸溪，余屐亦未经。从此再北有会墅岭诸流，亦正西之水，西北注于新昌。再北有福溪、罗木溪，皆出天台阴⑥，而西为新昌大溪，亦余屐未经者矣。

【注释】

①诣：前往。

②寒、明：寒岩、明岩。

③厉:阴森恐怖。

④薄:迫近。

⑤杳冥:深远而不可见的地方。

⑥天台阴:即天台山北面。

游雁宕山日记（后）

【释题】

　　此篇亦为第二次游览雁宕山时所记，第一次游览日期为1613年。

　　1632年，徐霞客再游雁宕山，这次游历主要记录了他探灵峰洞、天聪洞、大龙湫、屏霞嶂等地的观感。此次游记较为具体，作者对所游经历的细节皆备述其详，生动可感，如游天聪洞时，描绘践木登升的过程即"梯穷济以木，木穷济以梯，梯木俱穷，则引绳揉树"等细节，不但生动，而且也展现了人与自然搏斗的精彩场面。至于对景物的记述，则词语精练，句式匀称，极富节奏感，绘形绘声无不出奇。

【原文】

　　余与仲昭兄游天台，为壬申①三月。至四月二十八日，达黄岩，再访雁山。觅骑出南门，循方山十里，折而西南行，三十里，逾秀岭，饭于岩前铺。五里，为乐清界，五里，上盘山岭。西南云雾中，隐隐露芙蓉一簇，雁山也。十里，郑家岭，十里，大荆驿。渡石门涧，新雨溪涨，水及马腹。五里，宿于章家楼，是为雁山之东外谷。章氏盛时，建楼以憩山游之屐②，今旅肆③寥落，犹存其名。

　　二十九日　西入山，望老僧岩而趋。二里，过其麓。又二里，北渡溪，上石梁洞。仍还至溪旁，西二里，逾谢公岭。岭以内是为东内谷。岭下有溪自北来，夹溪皆重岩怪峰，突兀无寸土，雕镂百态。渡溪，北折里许，入灵峰寺。峰峰奇峭，离立满前④。寺后一峰独耸，中袭一罅⑤，上透其顶，是名灵峰洞。蹑千级而上，石台重整，洞中罗汉像俱更新。下饭寺中。同僧自照胆潭越溪左，观风洞。洞口仅半规，风蓬蓬出射数步外。遂从溪左历探崖间诸洞。还寺，雨大至，余乃赤足持伞溯溪北上。将抵真济寺，山深雾黑，茫无所睹，乃还过溪东，入碧霄洞。守愚上人精舍在焉。余觉其有异，令僮还招仲昭，亦践流而至，恨相见之晚，薄暮，返宿灵峰。

【注释】

①壬申：1632年。

②憩山游之屐：意思是供游客休息停歇。

③旅肆：旅馆。

④离立满前：群峰独立于寺前。

⑤罅：裂缝。

【原文】

三十日　冒雨循流西折，二里，一溪自西北来合，其势愈大。渡溪而西，溯而西北行，三里，入净名寺。雨益甚，云雾中仰见两崖，重岩夹立，层叠而上，莫辨层次。衣履沾透，益深穷西谷，中有水帘谷、维摩石室、说法台诸胜。二里，至响岩。岩右有二洞，飞瀑罩其外，余从榛①莽中履险以登。其洞一名龙王，一名三台。二洞之前，有岩突出，若露台然，可栈而通也。出洞，返眺响岩之上，一石侧耳附峰头，为"听诗叟"。又西二里，入灵岩。自灵峰西转，皆崇岩连嶂②，一开而为净名，一罅直入，所称一线天也。再开而为灵岩，叠嶂回环，寺当其中。

五月朔　仲昭与余同登天聪洞。洞中东望圆洞二，北望长洞一，皆透漏通明，第峭石直下，隔不可履。余乃复下至寺中，负梯破莽，率僮逾别坞，直抵圆洞之下，梯而登。不及，则斫木横嵌夹石间，践木以升。复不及，则以绳引梯悬石隙之树。梯穷济以木，木穷济以梯，梯木俱穷，则引绳揉树，遂入圆洞中，呼仲昭相望而语。复如法蹑长洞而下，已日中矣。西抵小龙湫之下，欲寻剑泉，不可得。踞石碛而坐，仰视回嶂逼天，峭峰倒插，飞流挂其中，真若九天曳帛者③。西过小剪刀峰，又过铁板嶂。嶂方展如屏，高插层岩之上，下开一隙如门，惟云气出没，阻绝人迹。又过观音岩，路渐西，岩渐拓，为犁尖，复与常云并峙，常云南下，跌而复起，为戴辰峰。其跌处有坳，曰马鞍岭，内谷之东西分者，以是岭为界。从灵岩至马鞍岭凡四里，而崇峦屼嵲④，应接不暇。逾岭，日色渐薄崦嵫⑤。二里，西过大龙湫溪口，又二里，西南入宿能仁寺。

【注释】

①莽：指荆棘。

②连嶂：山峰连绵，好像连成了屏障。

③若九天曳帛者：像天上挂下的绸练。

④屼嵲：耸立突兀的样子。

⑤崦嵫：太阳西下。

【原文】

　　初二日　从寺后坞觅方竹，无佳者。上有昙花庵，颇幽寂。出寺右观燕尾泉，即溪流自龙湫来者，分二股落石间，故名。仍北溯流二里，西入龙湫溪口；更西二里，由连云嶂入，大剪刀峰矗然立涧中，两崖石壁回合，大龙湫之水从天下坠。坐看不足亭，前对龙湫，后揖剪刀，身在四山中也。出连云嶂,逾华岩岭,共二里,入罗汉寺。寺久废,卧云师近新①之。卧云年八十余,其相与飞来石罗汉相似,开山巨手也。余邀师穷顶,师许同上常云,而雁湖反在其西,由石门寺为便。时已下午,以常云期之后日,遂与其徒西逾东岭,至西外谷,共四里,过石门寺废址。随溪西下一里,有溪自西来合,即凌云宝冠诸水也,二水合而南入海。乃更溯西来之溪,宿于凌云寺。寺在含珠峰下,孤峰插天,忽裂而为二,自顶至踵,仅离咫尺,中含一圆石如珠,尤奇绝。循溪北入石夹,即梅雨潭也。飞瀑自绝壁下激,甚雄壮,不似空濛雨色而已。

【注释】

①近新:最近重新修葺。

【原文】

初三日　仍东行三里,溯溪北入石门,停担于黄氏墓堂。历级北上雁湖顶,道不甚峻。直上二里,向山渐伏,海屿来前,愈上,海辄逼足下。又上四里,遂逾山脊。山自东北最高处迤逦①连绵而来,播②为四支,皆易石而土。四支之脊,隐隐隆起,其夹处汇而成洼者三,每崖中复有脊,南北横贯,中分为两,总计之,不止六洼矣。洼中积水成芜③,青青弥望④,所称雁湖也。而水之分堕于南者,或自石门,或出凌云之梅雨,或为宝冠之飞瀑。其北堕者,则降阴诸水也,皆与大龙湫风马牛无及云。既逾冈,南望大海,北瞰南阁之溪,皆远近无蔽,惟东峰尚高出云表。余欲从西北别下宝冠,重岩积莽,莫可寄足。复寻旧路下石门,西过凌云,从含珠峰外二里,依涧访宝冠寺。寺在西谷绝坞中,已久废,其最深处,石崖回合,磴道俱绝。一洞高悬崖足,斜石倚门。门分为二,轩豁透爽,飞泉中洒,内多芭蕉,颇似闽之美人蕉。外则新箨⑤高下，渐已成林。至洞，闻瀑声如雷，而崖石回掩，杳不可得见。乃下山涉溪，回望洞之右胁，崖卷成龛，瀑从龛中直坠，下捣于圆坳，复跃出坳成溪去，其高亚龙湫，较似壮胜，故非宕山第二流也。东出故道，宿罗汉寺。

【注释】

①迤逦：曲折蜿蜒。

②播：分散。

③芜：草生之地。

④弥望：满眼，视野所及处。

⑤箨：竹笋之皮。

【原文】

初四日　早，望常云峰，白云濛翳，然不为阻，促卧云同上。东逾华岩二里，由连云嶂之左，道松洞之右，蹑级而上，共三里，俯瞰剪刀峰已在屦底。一里，山回溪出，龙湫上流也。渡溪。过白云云外二庐，又北入云静庵。庵庐与登山径，修整俱异昔时。卧云令其徒采笋炊饭。既饭，诸峰云气倏尽，仲昭留坐庵中，余同卧云直跻东峰。又二里，渐闻水声，则大龙湫从卷崖中泻下。水出绝顶之南、常云之北，夹坞中即其源也。溯水而上二里，水声渐微。又二里逾山脊，此脊北倚绝顶，南出分为两支，东支为观音岩，西支为常云峰，此其过脉处也。正脊之东为吴家坑，其峰之回列者，近为铁板嶂，再绕为灵岩，又再绕为净名，又再绕为灵峰，外为谢公岭而尽。脊之西，其坑即龙湫背。其峰之回列者，近为龙湫之对崖，再绕为芙蓉峰，又再绕为凌云，又再绕为宝冠，上为李家山而止。此雁山之南面诸峰也。而观音、常云二峰，正当其中，已伏杖履下，惟北峰若负扆然，犹屏立于后。北上二里，一脊平峙，狭如垣墙，两端昂起，北颓然直下，即为南阎溪横流界，不若南面之环互矣。余从东巅跻西顶，倏踯躅①声大起，则骇鹿数十头也。其北一峰，中剖若斧劈，中则石笋参差，乱崖森立，深杳无底。鹿皆奔堕其中，想有陨死亡堑者。诸僧至，复以石片掷之，声如裂帛，半响始沉，鹿益啼号不止。从此再西，则石脊中断，峰亦渐下，西北眺雁湖，愈远愈下。余二十年前探雁湖，东觅高峰，为断崖所阻，悬缒绳索而下，即此处也。昔历其西，今东出其上，无有遗憾矣。返下云静庵，循溪至大龙湫上，下瞰湫底龙潭，圆转夹崖间，水从卷壁坠潭，跃而下喷，光怪不可迫视。遂逾溪西上，南出龙湫之对崖，历两峰而南，其岭即石门东，罗汉之西，南出为芙蓉峰，又南下为东岭者也。芙蓉峰圆亘特立，在罗汉寺西南隅。既至其下，始得路。东达于寺，日已西，仲昭亦先至矣。

初五日 别卧云出罗汉寺，循溪一里，至龙湫溪口。凡四里，逾马鞍而下。北望观音峰下，有石罂若门，层列非一。仲昭已前向灵岩。余挟一僮北抵峰下，循樵路西转二里，直抵观音、常云之麓，始知二峰上虽遥峙，其下石壁连亘成城。又循崖东跻里许，出石罂之上，丛木密荫，不能下窥，崖端磐石如擎盖，上平如砥，其下四面皆空，坐其上久之。复下循石罂而入，层崖悬裂，皆可扪而通也。罂外一峰特起，薄齐片云，圆顶拱袖，高若老僧岩，严若小儿拱立。出路隅，居多吴氏，有吴应岳者留余餐。余挟之溯溪入，即绝顶所望吴家坑溪也，在铁板、观音之间。欲上溪左黄崖层洞，崖在铁板嶂之西，洞在崖之左，若上下二层者。抵其下，不得上，出其上，洞又在悬崖间，无可下也。乃循崖东行，又得一石罂，望其上，层叠可入，计非构木悬梯不能登。从此下一小峰，曰莺嘴岩，与吴别。东过铁板嶂下，见其中石罂更大，下若有洞流而成溪者。亟溯流入，抵洞下，乱石窒塞，而崖左有路直上，凿坎悬崖间，垂藤可攀。遂奋勇上，衣碍则解衣，杖碍则弃杖，凡直上一崖，复横历一崖，如是者再，又栈木为桥者再，遂入石罂中。石对峙如门，中宽广，得累级以升。又入石门两重，仰睇其上，石壁环立，青天一围，中悬如井。壁穷，透入洞中。洞底日光透处有木梯，猱升②其上，若楼阁然。从阁左转，复得平墟大丘，后即铁板嶂高列，东西危崖环绕，南面石罂下伏，轩敞回合，真仙灵所宅矣！内有茅屋一楹，虚无人居。隙地上多茶树，故坎石置梯，往来其间耳。下至溪旁，有居民。遂越小剪刀峰而东，二里，入灵岩，与仲昭会。

【注释】

①踯躅：来回走动。
②猱升：像猿一样爬上。

【原文】

初六日　挟灵岩僧为屏霞嶂之游，由龙鼻洞右攀石罅上，半里，得一洞甚奇。又上半里，崖穿路绝，有梯倚崖端，盖烧炭者所遗。缘梯出其上，三巨石横叠两崖间，内覆石成室，跨其外者为仙桥。其室空明幽敞，蔽于重岩之侧，虽无铁板嶂、石门之奇瑰攒合，而幽邃自成一天。复透洞左上，攀藤历栈，遂出屏霞嶂之中层，盖龙鼻顶也。崖端亦宽垲①可庐②，后嶂犹上倚霄汉，嶂右有岩外覆，飞泉落其前。由右复攀跻崖石，几造嶂顶，为削石所阻。其侧石隙一缕，草木缘附，可以着足，遂随之下。崖间多修藤垂蔓，各采而携之。当石削不受树，树尽不受履处，辄垂藤下。如是西越石冈者五重，降升不止数里，始下临绝涧，即小龙湫上游也。其涧发源雁顶之东南,右即铁板,左即屏霞,二嶂中坠为绝壑,重崖亏蔽,上下无径,非悬絚不能飞度也。入涧,践石随流,东行里许,大石横踞涧中,水不能越,穴石下捣,两旁峭壁皆斗立,行者路绝。乃缚木为梯升崖端,复縋③入前涧下流,则横石之下,穿然中空,可树十丈旗。水从石后建瓴下注,汇潭漾碧,翛然④沁人。左右两崖,俱有洞高峙。由此而前,

峭壁陡立

即龙湫下坠处也。余两次索剑泉,寺僧辄云:"在龙湫上,人力鲜达。"今仍杳然,知沦没已久。欲从此横下两峰,遂可由仙桥达石室,乃斫木缚梯,盘绝岘者数四,俯视独秀、双鸾诸峰,近在屐底。既逼仙桥,隔崖中断,日已西,疲甚,乃返觅前辙,复经屏霞侧石室返寺,携囊过净名,投宿灵峰。

【注释】

①垲:地势高而干燥。

②可庐:建造房屋。

③绝:用绳向下吊。

④翛然:无拘无束的样子。

【原文】

初七日　溯寺前溪,观南碧霄冈,轩爽①无他奇。又三里,西转,望真济寺,在溪北坞中。是溪西由断崖破峡而来,峡南峰为"五马朝天",峥嵘尤甚。两旁逼仄石蹊,内无居民,棘茅塞路。行里许,甚艰,不可穷历。北过真济寺,寺僻居北谷,游屐②不到。寺右溯小溪三里,登马家山岭,路甚峻。登巅,望雁顶棱簇如莲花状,北瞰南阁,已在屐底。飞舄③而下即。四里余,得新庵,弛担于中,溯南阁溪,探宕阴诸胜。南阁溪发源雁山西北之箬袅岭,去此三十余里,与永嘉分界。由岭而南,可通芙蓉,入乐清。由岭而西,走枫林,则入瓯郡道也。溪南即雁山之阴,山势崇拓,竹木蓊茸,不露南面巉嵲④态。溪北大山,自箬袅迤逦而来,皆层崖怪峰,变换阖辟,与云雾争幻,至阁而止。又一山北之溪,自北阁来会,俱东下石门潭。门内平畴千亩,居人皆以石门为户牖,此阁所由名,而南北则分以溪也。南阁有章恭毅宅,西入有石佛洞、散水岩、洞仙岩诸胜。北阁有白岩寺旧址，更西有王子晋仙桥为尤奇。余冒雨穷南阁，先经恭毅宅，聚族甚盛。溯溪五里，过犁头庵，南即石佛洞，以路芜不能入。西十里至庄坞，夹溪居民皆叶姓。散水岩在北坞中，石崖横亘，飞瀑悬流，岩左登岭有小庵。时暮雨，土人留宿庄坞，具言洞仙院之胜。

初八日 雨未止。西溯溪行三里，山涧愈幽。随溪转而北，又二里，隔溪小径破云磴而入。东渡溪从之，忽峰回溪转，深入谷中，则烟峦历乱。峰从庄坞之后连亘至此，又开一隙，现此瑰异。执土人问之，曰："此小篆厝⑤也，洞仙尚在其外大溪上流。"复出而渡溪，里许。有溪自东来入，即洞仙坞溪矣。渡大溪，溯小溪东上，其中峰峦茅舍，与前无异。洞仙即在其内崖，倚峰北向，层篁⑥翳之。乃破莽跻石隙而入，初甚隘，最上渐宽。仍南出庄坞，东还犁头庵，终不得石佛洞道。遂出过南阁，访子晋仙桥，在北阁底尚二十里。念仲昭在新庵甚近，还晤庵中。日已晡，竟不及为北阁游，东趋大荆而归。

【注释】

①轩爽：高阔开朗的意思。

②游屐：游人的足迹。

③舄：鞋子的通称。

④巀嶪：山势高大险峻。

⑤厝：摆设。

⑥篁：竹林。

游五台山日记

【释题】

五台山又简称台山,位于山西省五台县东北隅。五峰高耸,峰顶平坦宽阔如台,故称五台。东台称望海峰,南台为锦绣峰,西台为挂月峰,北台称叶斗峰,中台即翠岩峰。五座山峰环抱,绕周达250千米。该山为我国四大佛教名山之一,山内有规模宏大的古建筑群,历史和艺术价值甚高。

五台山可游之处甚多,而记中则主要记录了作者游南台(锦绣峰)、西台(挂月峰)、中台(翠岩峰)、北台(叶斗峰)等山峰的经历,而独不见东台。

记中对几座山峰的不同之处皆有描绘,且对各峰走势、林木、水溪也有记录。因为此山的特殊文化意蕴,游记对寺庙建筑的关注尤其突出,特别对万佛阁的描绘更是细致且倍加赞赏。写景状物极尽妍态,读之令人称快叹奇。

【原文】

癸酉(1633年)七月二十八日　出都为五台游。越八月初四日,抵阜平南关。山自唐县来,至唐河始密,至黄葵渐开,势不甚穹窿矣。从阜平西南过石梁,西北诸峰复嵱嵷①起。循溪左北行八里,小溪自西来注,乃舍大溪,溯西溪北转,山峡渐束。又七里,饭于太子铺。北行十五里，溪声忽至。回顾右崖，石壁数十仞，中坳如削瓜直下。上亦有坳，乃瀑布所从溢者，今天旱无瀑，瀑痕犹在削坳间。离涧二三尺，泉从坳间细孔泛滥出，下遂成流。再上，逾鞍子岭。岭上四眺，北坞颇开，东北、西北，高峰对峙，俱如仙掌插天，惟直北一隙少杀②收束。复有远山横其外，即龙泉关也，去此尚四十里。岭下有水从西南来，初随之北行，已而溪从东峡中去。复逾一小岭，则大溪从西北来，其势甚壮，亦从东南峡中去，当即与西南之溪合流出阜平北者。余初过阜平，舍大溪而西，以为西溪即龙泉之水也，不谓西溪乃出鞍子岭坳壁，逾岭而复与大溪之上流遇，大溪则出自龙泉者。溪有石梁曰万年，过之，溯流望西北高峰而趋。十里，逼峰下，为小山所掩，反不睹嶙峋之势。转北行，向所望东北高峰，瞻之愈出，趋之愈近，峭削之姿，遥遥逐人③向人逼来，二十里之间，劳于应接。是峰名五岩寨，又名吴王寨，有老僧庐其上。已而东北峰下，溪流溢出，与龙泉大溪会，土人构石梁于上，非龙关道所经。从桥左北行八里，时遇崩崖蠢立溪上。又二里，重城当隘口，为龙泉关。

【注释】

①嵱嵷：上下众多。

②杀：收束。

③逐人：向人逼来。

【原文】

初五日　进南关，出东关。北行十里，路渐上，山渐奇，泉声渐微。既而石路陡绝，两崖巍峰峭壁，合沓攒奇①，山树与石竞丽错绮②，不复知升陟之烦也。如是五里，崖逼处复设石关二重。又直上五里，登长城岭绝顶。回望远峰，极高者亦伏足下，两旁近峰拥护③，惟南来一线有山隙，彻目④百里。岭之上，巍楼雄峙，即龙泉上关也。关内古松一株，枝耸叶茂，干云俊物。关之西，即为山西五台县界。下岭甚平，不及所上十之一。十三里，为旧路岭，已在平地。有溪自西南来，至此随山向西北去，行亦从之。十里，五台水自西北来会，合流注滹沱河。乃循西北溪数里，为天池庄。北向坞中二十里，过白头庵村，去南台止二十里，四顾山谷，犹不可得其仿佛⑤。又西北二里，路左为白云寺。由其前南折，攀跻四里，折上三里，至千佛洞，乃登台间道。又折而西行，三里始至。

【注释】

①合沓攒奇：层峦叠嶂，山岩交错攒聚。

②竞丽错绮：争奇斗艳，绮丽非凡。

③拥护：衬托，凸显。

④彻目：极目远眺。

⑤不可得其仿佛：无法看清其样貌。

【原文】

初六日　风怒起，滴水皆冰。风止日出，如火珠涌吐翠叶中。循山半西南行，四里，逾岭，始望南台在前。再上为灯寺，由此路渐峻。十里，登南台绝顶，有文殊①舍利塔。北面诸台环列，惟东南、西南少有隙地。正南，古南台在其下，远则盂县诸山屏峙，而东与龙泉峥嵘接势。从台右道而下，途甚夷，可骑。循西岭西北行十五里，为金阁岭。又循山左西北下，五里，抵清凉石。寺宇幽丽，高下如图画。有石为芝形，纵横各九步，上可立四百人，面平而下锐②，属于下石者无几。从西北历栈拾级而上，十二里，抵马跑泉。泉在路隅山窝间，石隙仅容半蹄，水从中溢出，窝亦平敞可寺，而马跑寺反在泉侧一里外。又平下八里，宿于狮子窠。

初七日　西北行十里，度化度桥。一峰从中台下，两旁流泉淙淙，幽靓靓同静迥绝。复度其右涧之桥，循山西向而上，路欹③倾斜不平甚。又十里，登西台之顶。日映诸峰，一一献态呈奇。其西面，近则闭魔岩，远则雁门关，历历可府而挈④也。闭魔岩在四十里外，山皆陡崖盘亘，层累而上，为此中奇处。入叩佛龛，即从台北下，三里，为八功德水。寺北面，左为维摩阁，阁下二石耸起，阁架于上，阁柱长短，随石参差，有竟不用柱者。其中为万佛阁，佛俱金碧旃檀，罗列辉映，不啻万尊。前有阁二重，俱三层，其周庐环阁亦三层，中间复道，往来空中。当此万山艰阻，非神力不能运⑤此。从寺东北行，五里，至大道，又十里，至台中。望东台、南台，俱在五六十里外，而南台外之龙泉，反若更近，惟西台、北台，相与连属。时风清日丽，山开列如须眉⑥。余先趋台之南，登龙翻石。其地乱石数万，涌起峰头，下临绝坞，中悬独耸，言是文殊放光摄影处。从台北直下者四里，阴崖悬冰数百丈，曰"万年冰"。其坞中亦有结庐者。初寒无几，台间冰雪，种种而是。闻雪下于七月二十七日，正余出都时也。行四里，北上澡浴池。又北上十里，宿于北台。北台比诸台较峻，余乘日色，周眺寺外。及入寺，日落而风大作。

【注释】

①文殊：佛教菩萨之一。

②锐：收缩。

③欹：道路崎岖不平。

④挈：即提取、拾取。

⑤运：运作、修造。

⑥山开列如须眉：山川如眉毛般并列两边。

【原文】

初八日　老僧石堂送余，历指诸山曰："北台之下，东台西，中台中，南台北，有坞曰台湾①，此诸台环列之概也。其正东稍北，有浮青特锐者，恒山也。正西稍南，有连岚一抹者，雁门也。直南诸山，南台之外，惟龙泉为独雄。直北俯内外二边，诸山如蓓蕾，惟兹山北护，峭削层叠，嵯峨之势，独露一班②。此北台历览之概也。此去东台四十里，华岩岭在其中。若探北岳，不若竟由岭北下，可省四十里登降。"余颔之。别而东，直下者八里，平下者十二里，抵华岩岭。由北坞下十里，始夷。一涧自北，一涧自西，两涧合而群峰凑，深壑中"一壶天"也。循涧东北行二十里，曰野子场。南自白头庵至此，数十里内，生天花菜③，出此则绝种矣。由此，两崖屏列鼎峙，雄峭万状，如是者十里。石崖悬绝中，层阁杰起，则悬空寺也，石壁尤奇。此为北台外护山，不从此出，几不得台山神理云。

【注释】

①台湾：今台怀镇。

②班：通"斑"。

③天花菜：五台山特产的一种菌类。

游恒山日记

【释题】

恒山,在山西浑源县东南,原称玄岳、紫岳、阴岳,明代列为五岳之一,始称北岳恒山。该记短小精悍,文字优美,写景与抒情结合完美,可堪一读。

记游恒山,先记游龙山,实出意外,谓之"桑榆之收"。接近恒山而未登进,已见山峰连绵,好不气派。至入倒马关和紫荆关,则描绘壁立双阙,评价此峡已超过武彝九曲。对悬空寺的描绘,则比之蜃楼阁宇,当可认为作者十分欣赏。既登恒山,则曲尽笔墨,写物产、写土石松影、写寝宫、写飞石窟直至会仙台。为登顶峰,不惜弃衣践棘,鼓勇而上,见莽莽苍苍一览众山之小,登临的乐趣由此可见。

此篇游记充实丰满,不但山景风光尽显笔下,而且活脱脱刻画出登山之人的勉力求索,与《游雁宕山日记(后)》之形象刻画有异曲同工之妙。

【原文】

去北台七十里,山始豁然,曰东底山。台山北尽,即属繁峙界矣。

初九日 出南山。大溪从山中俱来者,别而西去。余北驰平陆中,望外界之山,高不及台山十之四,其长缭绕如垣矮墙,东带平邢,西接雁门,横而径①者十五里。北抵山麓,渡沙河,即为沙河堡。依山瞰流,砖甃②高整。由堡西北七十里，出小石口，为大同西道。直北六十里，出北路口，为大同东道。余从堡后登山，东北数里，至峡口，有水自北而南，即下注沙河者也。循水入峡，与流屈曲，荒谷绝人。数里，义兴寨。数里，朱家坊。又数里，至葫芦嘴。舍涧登山，循嘴而上，地复成坞③，溪流北行，为浑源界。又数里，为土岭，去州尚六十里，西南去沙河，共五十里矣，遂止居住居民同姓家。

【注释】

①横而径：横穿而过。
②砖甃：用砖砌成的东西。
③坞：四周高中央凹的地方。

【原文】

初十日　循南来之涧北去三里，有涧自西来合，共东北折而去。余溯西涧入，又一涧自北来，遂从其西登岭，道甚峻。北向直上者六七里，西转，又北跻而上者五六里，登峰两重，造其巅，是名箭筈岭。自沙河登山涉涧，盘旋山谷，所值皆土魁①荒阜。不意至此而忽跻穹窿，然岭南犹复阿蒙也。一逾岭北，瞰东西峰连壁陨②，翠蜚丹流。其盘空环映者，皆石也，而石又皆树。石之色一也，而神理又各分妍。树之色不一也，而错综又成合锦。石得树而嵯峨倾嵌者，幕以藻绘③文采而愈奇。树得石而平铺倒蟠者，缘以突兀而尤古。如此五十里，直下至阮④底，则奔泉一壑，自南注北，遂与之俱出坞口，是名龙峪口，堡临之。村居颇盛，皆植梅杏，成林蔽麓。既出谷，复得平陆。其北又有外界山环之，长亦自东而西，东去浑源州三十里，西去应州七十里。龙峪之临外界，高卑远近，一如东底山之视沙河峡口诸山也。于是沿山东向，望峪之东，山愈嶙嶒斗峭，问知为龙山。龙山之名，旧著于山西，而不知与恒岳比肩。至是既西涉其阃⑤域，又北览其面目，从不意中得之，可当五台桑榆之收矣。东行十里，为龙山大云寺，寺南面向山。又东十里，有大道往西北，直抵恒山之麓，遂折而从之，去山麓尚十里。望其山两峰亘峙，车骑接轸⑥，破壁而出，乃大同入倒马、紫荆大道也。循之抵山下，两崖壁立，一涧中流，透罅而入，逼仄如无所向，曲折上下，俱成窈窕，伊阙双峰，武彝九曲，俱不足以拟之也。时清流未泛，行即溯涧。不知何年两崖俱凿石坎、大四、五尺，深及丈，上下排列，想水溢时，插木为阁道者，今废已久，仅存二木悬架高处，犹栋梁之巨擘⑦也。三转，峡愈隘，崖愈高。西崖之半，层楼高悬，曲榭斜倚，望之如蜃吐重台者，悬空寺也。五台北壑亦有悬空寺，拟此未能具体。仰之神飞，鼓勇独登。入则楼阁高下，槛路屈曲。崖既矗削，为天下巨观，而寺之点缀，兼能尽胜。依岩结构，而不为岩石累者，仅此。而僧寮位置适序，凡客坐禅龛，明窗暖榻，寻丈之间，肃然中雅。既下，又行峡中者三四转，则洞门豁然，峦壑掩映，若别有一天者。又一里，涧东有门榜匾额三重，高列阜上，其下石级数百层承之，则北岳恒山庙之山门也。去庙尚十里，左右皆土山层叠，岳顶杳不可见。止门侧土人家，为明日登顶计。

【注释】

①魁：土堆。

②赜：同"颊"。

③藻绘：文采。

④阮：大土山。

⑤阃：内境。

⑥接轸：形容车马络绎不绝。

⑦巨擘：领先或首要之意。

【原文】

十一日 风翳净尽①，澄碧如洗。策杖登岳，面东而上，土冈浅阜，无攀跻劳。盖山自龙泉来，凡三重。惟龙泉一重峭削在内，而关以外反土脊平旷。五台一重虽崇峻，而骨石耸拔，俱在东底山一带出峪之处。其第三重自峡口入山而北，西极龙山之顶，东至恒岳之阳，亦皆藏锋敛锷②，一临北面，则峰峰陡削，悉现岩岩本色。一里，转北，山皆煤炭，不深凿即可得。又一里，则土石皆赤，有虬松离立，道旁亭曰望仙。又三里，则崖石渐起，松影筛阴，是名虎风口。于是石路萦回，始循崖乘峭而上。三里，有杰坊③曰"朔方第一山"，内则官廨厨井俱备。坊右东向拾级上，崖半为寝宫，宫北为飞石窟，相传真定府恒山从此飞去。再上，则北岳殿也。上负绝壁，下临宫廨，殿下云级插天，庑④门上下，穹碑⑤森立。从殿右上，有石窟倚而室之，曰会仙台。台中像群仙，环列无隙。余时欲跻危崖，登绝顶。还过岳殿东，望两崖断处，中垂草莽者千尺，为登顶间道，遂解衣攀蹑而登。二里，出危崖上，仰眺绝顶，犹杰然天半，而满山短树蒙密，槎枒⑥枯竹，但能钩衣刺领，攀践辄断折，用力虽勤，若堕洪涛，汩汩不能出。余益鼓勇上，久之棘尽，始登其顶。时日色澄丽，俯瞰山北，崩崖乱坠，杂树密翳。是山土山无树，石山则有。北向俱石，故树皆在北。浑源州城一方，即在山麓，北瞰隔山一重，苍茫无际。南惟龙泉，西惟五台，青青与此作伍。近则龙山西亘，支峰东连，若比肩连袂，下扼沙漠者。既而下西峰，寻前入峡危崖，俯瞰茫茫，不敢下。忽回首东顾，有一人飘摇于上，因复上其处问之,指东南松柏间。望而趋,乃上时寝宫后危崖顶。未几,果得径,南经松柏林。先从顶上望,松柏葱青,如蒜叶草茎,至此则合抱参天,虎风口之松柏,不啻⑦百倍之也。从崖隙直下,恰在寝宫之右,即飞石窟也,视余前上隘,中止隔崖一片耳。下山五里,由悬空寺危崖出。又十五里,至浑源州西关外。

【注释】

①风翳净尽:风平云散。翳:指云雾。

②藏锋敛锷:不露锋芒。

③杰坊:指高大颇有气势的牌坊。杰:高大貌。

④庑:堂四面的屋。

⑤穹碑:高大的石碑。

⑥槎枒:树木枝丫参差不齐的样子。

⑦不啻:不止。

浙游日记

【释题】

浙即今浙江省境，古亦简称"越"，徐霞客曾遍游余杭、临安、桐庐、金体、兰溪等地。

徐霞客游浙江的时间是1636年。他从家乡江阴出发，由锡邑（今无锡市）、姑苏、昆山、青浦至杭州，再取道余杭、临安，下桐庐、兰溪，游金华三洞……西行过衢州、常山，再进入江西省境。九月十九日出发，直至二十五日才入浙境，一路行程匆匆。十月初一登西湖北岸之宝石山，历飞来峰、灵隐寺、上天竺、中天竺、下天竺。

到余杭临安之间，游三九山与洞山，对其两山之间的黑崖白峡、无水枯涨之迹描绘细致，对其洗石如雪之状甚为惊异。一日之内并游山中干、水两洞，对发现其水洞幽境，颇为满意。

最为精彩处，即金华三洞之游。

赴洞途中，先游芙蓉峰、斗鸡岩、金星峰，一路美景，目不暇接。

然后游朝真、冰壶、双龙三洞。

他总结三洞特征，"朝真似一隙天光为奇，冰壶以万斛珠矾为异，而双龙则外有二门，中悬重幄，水陆兼奇，幽明凑异者矣"。

除此之外，他还游讲堂洞、玲珑岩、思山祠、洞源寺。在此亦发现三洞：涌雪、白云、紫云。他推测赵相国所言"六洞灵山"即指此地，而对"金华三洞"一说亦可修正为"六洞"。

接着乘舟西进,过衢州、常山,竟游于常山十五里(今亦名十五里)。

【原文】

丙子(1636年)九月十九日 余久拟西游,迁延二载,老病将至,必难再迟。欲候黄石斋先生一晤,而石翁杳无音至。欲与仲昭兄把袂而别,而仲兄又不南来。昨晚趋晤仲昭兄于土渎庄。今日为出门计,适杜若叔至,饮至子夜,乘醉放舟。同行者为静闻师。

二十日 天未明,抵锡邑。比晓,先令人知会王孝先,自往看王受时,已他出。即过看王忠纫,忠纫留酌至午,而孝先至,已而受时亦归。余已醉,复同孝先酌于受时处。孝先以顾东曙家书附橐①中。饮至深夜,乃入舟。

【注释】

①橐:口袋,时东曙为苍梧道,其乃郎伯昌所寄也。

【原文】

二十一日 人看孝先,复小酌。上午发舟,暮过虎丘,泊于半塘。

二十二日 早为仲昭市竹椅于半塘。午过看文文老乃郎,并买物阊门。晚过莳门,看含晖兄。一见辄涕泪交颐,不觉为之恻然。盖含晖遁迹吴门且十五年,余与仲昭屡访之。虽播迁之余,继以家荡子死,犹能风骚自遣。而兹则大异于前,以其孙之剥削无已,而继之以逆也。因复同小酌余舟,为余作与诸楚玙书。夜半乃别。

二十三日 复至阊门取染绅①裱帖。上午发舟。七十里,晚至昆山。又十余里，出内村，下青洋江，绝江而渡，泊于江东之小桥渡侧。

【注释】

①紬：绸。

【原文】

二十四日　五鼓行。二十里至绿葭浜，天始明。午过青浦。下午抵余山北，因与静闻登陆，取道山中之塔凹而南。先过一坏圃，则八年前中秋歌舞之地，所谓施子野之别墅也。是年，子野绣圃征歌甫就，眉公同余过访，极其妖艳。不三年，余同长卿过，复寻其胜，则人亡琴在，已有易主之感。而今则断榭零垣，三顿停顿而三改其观，沧桑之变如此。越塔凹，则寺已无门，惟大钟犹悬树间，而山南徐氏别墅亦已转属。因急趋眉公顽仙庐。眉公远望客至，先趋避；询知余，复出，挽手入林，饮至深夜。余欲别，眉公欲为余作一书寄鸡足二僧①。强为少留，遂不发舟。

【注释】

①二僧：一号弘辩，一号安仁。

【原文】

二十五日　清晨，眉公已为余作二僧书，且修以仪。复留早膳，为书王忠纫乃堂①寿诗二纸，又以红香米写经大士馈余。上午始行。盖前犹东迁之道，而至是为西行之始也。三里，过仁山。又西北三里，过天马山。又西三里，过横山。又西二里，过小昆山。又西三里，入泖湖，绝流而西，掠泖寺而过。寺在中流，重台杰阁，方浮屠五层，辉映层波，亦泽国之一胜也。西入庆安桥，十里为章练塘。又西十里为蒋家湾，已属嘉善。贪晚行，为听蟹群舟所惊，亟入丁家宅而泊②。

【注释】

①堂：母亲。

②在嘉善北三十六里，即尚书改亭公之故里。

【原文】

二十六日　过二荡，十五里为西塘，亦大镇也，天始明。西十里为下圩荡，又南过二荡，西五里为唐母村，始有桑。又西南十三里为王江泾，其市愈盛。直西二十余里，出澜溪之中。西南十里为前马头，又十里为师姑桥。又八里，日尚未薄崦嵫①，而计程去乌镇尚二十里，戒于蓕苻，泊于十八里桥北之吴店村浜。

【注释】

①崦嵫：指太阳落山的地方。

【原文】

二十七日　平明行，二十里，抵乌镇，入叩程尚甫。尚甫方游虎埠，两郎出晤。捐橐中资，酬其昔年书价，遂行。西南十八里，连市。又十八里，寒山桥。又十八里，新市。又十五里，曹村，未晚而泊。

二十八日　南行二十五里，至唐栖，风甚利。五十里，入北新关。又七里，抵棕木场，甫过午。令僮子入杭城，往曹木上解元家，询黄石翁行旋，犹未北至。时木上亦往南雍，无从讯。因作书舟中，投其家，为返舟计。此后行踪修阻，无便鸿①也。晚过昭庆，复宿于舟。

【注释】

①鸿：即通信。

湖光江影

【原文】

二十九日　复作寄仲昭兄与陈木叔全公书，静闻往游净慈、吴山。是日复宿于舟。

三十日　早入城，市参寄归。午下舟，省行李之重者付归。余同静闻渡湖入涌金门，市铜炊、竹筒诸行具。晚从朝天门趋昭庆，浴而宿焉。是日复借湛融师银十两，以益游资。

十月初一日　晴爽殊甚，而西北风颇厉。余同静闻登宝石山巅。巨石堆架者为落星石。西峰突石尤岏嵝，南望湖光江影，北眺皋亭、德清诸山，东瞰杭城万灶，靡不历历。下山五里，过岳王坟。十里，至飞来峰，饭于市，即入峰下诸洞。大约其峰自枫木岭东来，屏列灵隐之前，至此峰尽骨露。石皆嵌空玲珑，骈列三洞。洞俱透漏穿错，不作深杳之状。昔黥于杨髡①之刊凿，今苦于游丐之喧污。而是时独诸丐寂然，山间石爽，毫无声闻之溷②，若山洗其骨，而天洗其容者。余遍历其下，复各扪其巅。洞顶灵石攒空，怪树搏影，跨坐其上，不减群玉山头也。下山涉涧，即为灵隐。有一老僧，拥衲默坐中台，仰受日精，久不一瞬。已入法轮殿，殿东新构罗汉殿，止得五百之半，其半尚待西构也。是日，独此寺丽妇两三群接踵而至，流香转艳，与老僧之坐日忘空，同一奇遇矣。为徘徊久之。下午，由包园西登枫树岭，下至上天竺，出中、下二天竺。复循下天竺后，西循后山，得"三生石"，不特骨态嶙峋，而肤色亦清润。度其处，正灵隐面屏之南麓也，自此东尽飞来，独擅灵秀矣。自下天竺五里，出毛家步渡湖，日色已落西山，抵昭庆昏黑矣。

【注释】

①髡：对和尚的鄙称。

②溷：混乱。

【原文】

初二日 上午自棕木场五里，出观音关。西十里，女儿桥。又十里，老人铺。又五里，仓前。又十里，宿于余杭之溪南。访何孝廉朴庵，先一日已入杭城矣。

初三日 自余杭南门桥得担夫，出西门，沿苕溪北岸行。十里，丁桥铺。又十里，渡马桥，则余杭、临安之界也。（其北可达径山。）又二里为青山，居市甚盛。溪山渐合，又有二尖峰①屏峙。十五里，山势复开。至十锦亭，一路从亭北西去者，于潜、徽州道也。从亭南西去者，即临安道也。从亭西南又一里，一石梁横跨溪上，曰长桥。越桥而南又一里，入临安东关。山西关②。外为吕家巷，阛阓③反差盛于城。

又二里为皇潭，其阛阓与吕家巷同。其西路分南北，北者亦于潜之道，南者新城道也。已而复循山向西南行，又八里为高坎，始通排④。又三里，南入袞柳坞，复入山隘。五里为下圩桥。由桥南溯溪西上二里，为全张，一村皆张氏之房也。走分水者，以新岭为间道，以全张为迂道。余闻新岭路隘而无托宿，遂宿于全张之白玉庵。僧意，余杭人也。闻余好游，深夜篝灯瀹茗，为余谈其游日本事甚详。

【注释】

①二尖峰：一名紫薇，一名大山。

②山西关：土城很低，县廨颇隘。

③阛阓：指街市。

④排：简易木筏。

【原文】

初四日　鸡鸣作饭，昧爽西行。二里，过桥，折而南又六里，上干坞岭。其岭甚坦夷，盖于潜之山，西来过脉，东西皆崇山峻岭，独此峡中坳。过脊处止丈余，南北叠塍而下，皆成稻畦。北流至下圩桥，由青山入苕。南流至沙宕，由新城入浙。不意平陀遂分两水。其山过东，遂插天而起，曰五尖山。循其西麓，又五里过唐家桥，则新城北界也。白石崖山障其南。遂循水西南行五里，为华龙桥，有水自西坞来合。过桥，南越一小岭，二里至沙宕，前有一石梁跨涧，曰赵安桥，则入新城道也。由桥北西溯一涧，沿三九山北麓而入后叶坞。"三九"之名，以东则从赵安桥，南至朱村，北则从赵安桥，西南至白粉墙，南则从白粉墙东南至朱村，三面皆九里也。由后叶坞九里至白粉墙，为三九山北来之脊。其脊亦甚坦夷，东流者，由后叶出赵安桥；西流者，由李王桥合朱村，此"三九"所以名山，亦以水绕无余也。白粉墙之西二里，为罗村桥，有水自北来，有路亦岐而北，则新城道也。循水南行里许，为钵盂桥，有水西自龙门鲎来。（鲎有四仙传道岭，在桥西四里，乃于潜境。）由桥北即转而东，里余复折而南。其地东为三九，西为洞山，环坞一区，东西皆石峰嶙峋，黑如点漆，丹枫黄杏，翠竹青松，间错如绣，水之透壁而下者，洗石如雪，今虽久旱无溜，而黑崖白峡，处处如悬匹练，心甚异之。二里，渡李王桥，遂至洞山之东麓。急置行李于吴氏先祠。令僮觅炊店，不得。有吴姓者二人至，一为余炊，一为赠烛游洞，余以鱼公书扇答之。（洞山者，自龙门鲎南迤逦东来，其石棱锐纹叠。东南山半开二洞，正瞰桥下。）余遂同静闻西向蹑山。沿小涧而上，石皆峡蹲壑透，清流漱之，淙淙有声。涧两旁石片涌出田畦中，侧者成塍，突者成台，竹树透石而出，枝耸石上而不见其根，干压石巅而不见其窦。再上，忽一大石当涧而立，端方无倚，而纹细如波縠之旋

三九山

凤，最为灵异。再上，修竹中有新建睢阳庙，雪峰之龛在焉。庵后危壁倚空，叠屏耸翠，屏之南即明洞也。如轩斯启，其外五柱穿列，正如四明之分窗，（但四明石色劣下，不能若此列柱连卷也。）中有一柱，上不至檐，檐下亦垂一石，下不至柱，上下相对，所不接者不盈咫。柱旁有树高撑，至檐端辄逊而外曲，翠色拂岩而上，黑石得之益彰①。再南即为幽洞。二洞并启，中间石壁，色轻红若桃花。洞口高悬，内若桥门之覆空，得呼声辄传响不绝，盖其内空峒无底也。廿丈之内，忽一转而北，一转而南。北者为干洞，拾级而上，如登橪②蹑阁。三十丈后，又转而南，辟一小阁，颇觉幽异。南者为水洞，一转即仙田成畦，塍界层层，水满其中，不流不涸。人从塍上曲折而入，约廿丈，忽闻水声潺潺。透一小门而入，见一小溪自南来，至此破壑下坠，宛转无底，但闻其声。循溪而南，又过一峡。仍透小门而入，须从水中行，乃短衣去袜，溯水蹑流。又三十丈，中有（石，俱）倒垂若莲花，下卷若象鼻者，平沙隘门，忽束忽敞。（正如荆溪白鹤洞，而白鹤潜伏山麓，得水为易，此洞高辟山巅，兼水尤奇耳。）再入，则石洞既尽，汇水一方，水不甚深，又不知汇者何来，坠者何去也。及出洞，半日之间，已若隔世。下山，饭于吴祠。乃溯南来之溪，二里至太平桥。桥西为高氏，桥东为吴氏，亦李王桥之吴氏之派也，亦有先祠甚宏畅。时日色甚高，因担夫家近，欲归宿，托言马岭无宿店，遂止祠中。是日行仅三十五里，而所游二洞，以无意得之，岂不幸哉！是晚风吼云屯，达旦而止。

【注释】

①益彰：越加明显。

②橪：即门槛。

【原文】

初五日　鸡再鸣，令僮起炊。炊熟而归宿之担夫至，长随夫王二已逃矣。饭后又转觅一夫，久之后行。南二里，上马岭，约里许达其巅。（岭以北属新城，水亦出新城。岭南则属于潜，县在其西北五十里，水由应渚埠出分水县。）下马岭，南二里为内楮①村坞，又一里为外楮村坞，从此而南，家家以楮为业。随山坞西南七里，过兑口桥，岐分南北，（北达于潜可四十里，）南抵应渚埠十八里。兑口之水，北自于潜，马岭之水东来，合而南去，路亦随之。八里，过板桥。桥下水自西坞来，与前水合，（溯水西走，路可达于潜及昌化。）又南五里，为保安坪。又一里，为玉涧桥，山始大开。又东二里，止于唐家拱。其地在应渚埠北二里，原无市肆，担夫以应埠之舟下桐庐者，必北曲而经此，遂止于溪畔。久之得桐庐舟。（盖应渚埠为于潜南界，溪之南即隶分水，于潜之水北经玉涧桥，昌化之水西自麻汉埠，俱会于应渚，而水势始大。顾五涧桥而上，已不胜舟，麻汉埠而上，小舟直抵昌化，于潜水固不敌昌化也。）时日已中，无肆觅米，欲觅之应埠，而舟不能待，遂趁之行。下舟东南行十里，为分水县。县在溪之西。分水原止一水东南去，其西虽山势豁达，惟陆路八十里达于淳安。余初欲从之行，为王奴遁去，不便于陆，仍就水道，反向东南行矣。去分水东南二十里为头铺。又十里为焦山，居市颇盛。已暮，不能买米，借舟人余米而炊。舟子顺流夜桨晚上行船，五十里，旧县，夜过半矣。

【注释】

①楮：构树。

【原文】

　　初六日　鸡再鸣，鼓舟，晓出浙江，已桐庐城下矣。令僮子起买米。仍附其舟，十五里至滩上。米舟百艘，皆泊而待剥，余舟遂停。亟索饭，饭毕得一舟，别附而去，时已上午。又二里过清私口，又三里，入七里笼。东北风甚利，偶假寐，已过严矶。四十里，乌石关。又十里，止于（严州府）东关之逆旅。

　　初七日　雾漫不辨咫尺，舟人饭而后行，上午复霁。七十里至香头①已暮。月明风利，二十里，泊于兰溪。

【注释】

①香头：山北的一个大村落也。

【原文】

　　初八日　早登浮桥，桥内外诸舡①鳞次，以勤王师自衢将至，封桥聚舟，不听不允许上下也。遂以行囊令顾仆守之南门旅肆中，余与静闻俱为金华三洞游。盖金华之山，横峙东西，郡城在其阳，浦江在其北，西垂尽处，则为兰溪，东则义乌也。婺水东南从永康经郡之南门，而西北抵兰溪，与衢江合。余初欲陆行，见溪中有舟溯流而东，遂附之。水流沙岸中，四山俱远，丹枫疏密，斗锦裁霞，映叠尤异。然北山突兀天表，若负扆然，而背之东南行。问："三洞何在？"则曰："在北。"问："郡城何在？"则曰："在南。"始悟三洞不必至郡，若陆行半日，便可从中道而入，而时已从舟无及矣。四十五里至小溪，已暮，月色如洗。又十五里登陆，投宿下马头之旅肆，以深夜闭门不纳。遇一王姓者，号敬川，高桥埠人。将乘月归，见客无投宿处，因引至（金华）西门外，同宿于逆旅。

【注释】

①舡：船。

【原文】

初九日 早起，天色如洗，与王敬川同入兰溪西门，即过县前。县前如水，盖县君初物故①也。又东上苏坊岭，岭颇平，阛阓夹之。东下为四牌坊，自苏坊至此，街肆颇盛，南去即郡治矣。与王敬川同入歙人面肆，面甚佳，因一人兼两人馔。

仍出西门，即循城西北行，王犹依依，久之乃别。遂有冈陇高

天色如洗

下,十里至罗店。问三洞何在,则曰西。见尖峰前倚,则在东。因执土人详询之,曰:"北山之半为鹿田寺。其东下之脉,南峙为芙蓉峰,即尖峰也,为郡龙之所由。萃其西下之脉,南结为三洞,三洞之西即兰溪界矣。"时欲由三洞返兰溪,恐东有余胜,遂望芙蓉而趋。自罗店东北五里,得智者寺。寺在芙蓉峰之西,乃北山南麓之首刹也,今已凋落。而殿中犹有一碑,乃宋陆务观为智者大师重建兹寺所撰,而字即其手书。碑阴又镌务观与智者手牍数篇。碑楷牍行,俱有风致,(恨无拓工,不能得一通为快。)寺东又有芙蓉庵,有路可登芙蓉峰。余以峰虽尖圆,高不及北山之半,遂舍之。仍由智者寺西北登岭,升陟峰坞,五里得清景庵。庵僧道修留饭,复引余由北坞登杨家山。山为此山南下之第二层,再下则芙蓉为第三层矣。绕其西,从两山②夹中北透而上,约共七里,则北山上倚于后,杨家山排列于前,中开平坞,巨石铺突,有因累级为台者,种竹列舍,为朱开府之山庄也。其东北石累累愈多,大者如狮象,小者如鹿豕,俱蹲伏平莽中,是为石浪,即初平叱石成羊处③,岂今复化为石耶?石上即为鹿田寺,寺以玉女驱鹿耕田得名。殿前有石形似者名驯鹿石。此寺其来已久,后为诸宦所蚕食,而郡公张朝瑞创殿存羊,屠赤水有《游纪》刻其间。余至,已下午,问斗鸡岩在其东,即同静闻二里东过山桥。山桥东下一里,两峰横夹,涧出其中,峰石皆片片排空赴涧,形若鸡冠怒起,溪流奔跃其下,亦一胜矣。由岩东下数里,为赤松宫,乃郡城东门所入之道,盖芙蓉峰之东坑也。

斗鸡岩上有樵者赵姓居之,指北山之巅有棋盘石,石后有西玉壶水从石下注,旱时取以为雩祝④,极著灵验。时日已下舂,与静闻亟从蓁莽中攀援而上。上久之,忽闻呼声,盖赵樵见余误而西,复指东从积莽中行。约直蹑者二里,始至石畔。石前有平台,后耸叠块,中列室一槛,塑仙像于中,即此山之主。像后石室下有水一盆,盖即雩祝之水也。然其上尚有涧,泠泠从山顶而下。时日已欲堕,因溯流再跻,则石峡如门,水从中出,门上更得平壑,则所称西玉壶矣。闻其东尚有东玉壶,皆山头出水之壑。西玉壶之水,南下者由棋盘石而潜溢于三洞,北下者从里水源而出兰溪之北。东玉壶之水,南下者由赤松宫而出金华,东下者出义乌,北下者出浦江,盖亦一郡分流之脊云。玉壶昔又名盘泉,分耸于上者,今又称为三望尖,文之者为金星峰,总之所谓北山也。甫至峰头,适当落日沉渊,其下恰有水光一片,承之淲漾不定,想即衢江西来一曲,正当其处也。夕阳已坠,皓魄继辉,万籁尽收,一碧如洗,真是濯骨玉壶,觉我两人形影俱异,回念下界碌碌,谁复知此清光?即有登楼舒啸⑤,醺⑥酒临江,其视余辈独蹑万山之颠,径穷路绝,迥然尘界之表,不啻霄壤矣。虽山精怪兽群而狎⑦我,亦不足为惧,而况寂然不动,与太虚⑧同游也耶!

徘徊久之,仍下二里,至盘石。又从莽棘中下二里,至斗鸡岩。赵樵闻声,启户而出,亦以为居山以来所未有也。复西上一里至山桥,又西二里至鹿田寺。僧瑞峰、从闻以余辈久不至,方分路遥呼,声震山谷。入寺,浴而就卧。

【注释】

①物故:即死亡。为歙人项人龙,辛未进士,五日之内,与父与子三人俱死于痢。

②两山:东为杨家山,有居民数十家。西为白望山,为仙人望白鹿处。

③叱石成羊处:相传有黄初平见白石乃叱喊"羊起",白石遂变成羊群。

④雩祝：求雨。

⑤舒啸：大声吼叫。

⑥酾：斟。

⑦狎：戏弄，威胁。

⑧太虚：太空，高天。

【原文】

初十日 鸡鸣起饭，天色已曙。瑞峰为余束炬数枚，与从闻分肩

壑中居舍

以从，从朱庄后西行一里，北而登岭。岭甚峻，约一里，有石耸突峰头。由石畔循北山而东，可达玉壶。由石畔逾峰而北，即朝真洞矣。洞门在高峰之上，西向穹然，下临深壑，壑中居舍环聚，恍疑避秦①，不知从何而入。询之，即双龙洞外居人也。

盖北山自玉壶西来，中支至此而尽，后复生一支，西走兰溪。后支之层分而南者，一环而为龙洞坞，再环而为讲堂坞，三环而为玲珑岩坞，而金华之界，于是乎尽。玲珑岩之西，又环而为钮坑，则兰溪之东界矣。再环而为白坑，三环而为水源洞，而崇崖巨壑，亦于是乎尽。后支层绕中支，中支西尽，颓然下坠：一坠而朝真辟焉，其洞高峙而底燥。再坠而冰壶洼焉，其洞深奥而水中悬。三坠而双龙窍焉，其洞变幻而水平流。所谓三洞也，洞门俱西向，层累而下，各去里许，而山势崭绝，俯瞰仰观，各不相见，而洞中之水，实层注焉。中支既尽，南下之脉复再起而为白望山，东与杨家山骈列于北山之前，而为鹿田门户者也。

朝真洞门轩豁，内洞稍洼而下。秉烛深入，左有一穴如夹室，宛转从之，夹穷而有水滴沥，然隙底仍燥，不知水从何去也。出夹室，直穹洞底，则巨石高下，仰眺愈穹，俯瞰愈深。从石隙攀跻下坠，复得巨夹，忽有光一缕自天而下。盖洞顶高盘千丈，石隙一规，下逗留下天光，宛如半月，幽暗中得之，不啻明珠宝炬矣。既出内洞，其左复有两洞，下洞所入无几，上洞宛转亦如夹室，右有悬窍，下窥无底，想即内洞之深坠处也。

出洞，仍从突石峰头南下，里许，折而西北，又里许，得冰壶洞，盖朝真下坠之次重矣。洞门仰如张吻，先投杖垂炬而下，滚滚不见其底。乃攀隙倚空入其咽喉，忽闻水声轰轰。愈秉炬从之，则洞之中央，一瀑从空下坠，（冰花玉屑，从黑暗处耀成洁采。）水坠石中，复不知从何流去。复秉炬四穷，其深陷逾于朝真，而屈曲不及也。

出洞，直下里许，得双龙洞。洞辟两门，一南向，一西向，俱为外洞。轩旷宏爽，如广厦高穹，阊阖四启，非复曲房夹室之观。而石筋夭矫美丽，石乳下垂，作种种奇形异状，此"双龙"之名所由起。中有两碑最古，一立者，镌"双龙洞"三字，一仆倒状者，镌"冰壶洞"三字，俱用燥笔作飞白②之形，而不著姓名，必非近代物也。流水自洞后穿内门西出，经外洞而去。俯视其所出处，低覆仅余尺五，正如洞庭左蚟之墟，须帖地而入，第彼下以土，此下以水为异耳。瑞峰为余借浴盆于潘姥③家。姥饷以茶果。乃解衣置盆中，赤身伏水推盆而进隘。隘五六丈，辄穹然高广，一石板平庋④洞中，离地数尺，大数十丈，薄仅数寸。其左则石乳下垂，色润形幻，若琼柱宝幢，横列洞中。其下分门剖隙，宛转玲珑。溯水再进，水窦愈伏，无可容入矣。窦侧石畔一窍如注，孔大仅容指，水从中出，以口承之，甘冷殊异，约内洞之深广更甚于外洞也。要之⑤，朝真以一隙天光为奇，冰壶以万斛珠玑为异，而双龙则外有二门，中悬重幄，水陆兼奇，幽明凑异者矣。

出洞，日色已中，潘姥为炊煮黄粱以待。感其意而餐之，报之以杭伞一把。乃别二僧，西逾一岭。岭西复成一坞，由坞北入，仍转而东，去双龙约五里矣。又上山半里而得讲堂洞焉。其洞亦有二门，一西北向，一西南向，轩爽高洁，亢出双龙洞之上，幽无双龙洞之黯，真可居可憩之地。昔为刘教标挥麈⑥处，今则塑白衣大士于中。盖即北山后支南下第一岭，其阳回环三洞，而阴又辟成此洞也。岭下坞中，居民以烧石为业，其洞涸而无底流，居人俱登山汲水于讲堂之上。渡涧，复西逾第二岭，则北山后支南下之第二层也。下岭，其坞甚逼，然涧中有流淙淙北来。又渡而西，再循岭北上，磴辟流涌，则北山后支南下之第三层也。外隘而中转，是名玲珑岩，去讲堂又约六里矣。坞中居室鳞次，自成洞壑，晋人桃源不是过⑦。转而西，逾其岭，则兰溪界也。下岭为钮坑，亦有居人数十家。又逾一岭曰思山祠，则北山后支南下之第四层也，去玲珑岩西又约六里矣。时日已将坠，问洞源寺路，或曰十里，或曰五里。亟下岭，循涧南趋五里，暮至白坑。居人颇多，亦俱烧石。又西逾石塔岭，则北山后支南下之第五层也。洞源寺即在岭后高峰之北，从此岭穿径而上仅里许，而其正路在山前洞之旁。盖此地亦有三洞，下为水源洞，上为上洞，中为紫云洞，而其地总以"水源"名，故一寺而或名水源，或名上洞。而寺与水源洞异地，由岭上径道抵寺，故前曰五里。由水源洞下岭复上，故前曰十数里。时昏黑不辨山路，无可询问，竟循大路下山。已见一径西岐而下，强强迫静闻从之。久而不得寺，只见石窑满前，径路纷错。正徬徨间，望见一灯隐隐，亟投之，则水舂也。其人曰："此地即水源，由此坞北过洪桥，循右岭而上，可三里即上洞寺矣。"以深夜难行，欲止宿其中。其人曰："月色如昼，至此山径亦无他岐，不妨行也。"始悟上洞寺在北山第五层之阴。乃溯溪西北至洪桥，自白坑来约四里矣。渡桥北，蹑岭而上里余，转而东又里余，始得寺，强投宿焉。始闻僧有言灵洞者，因忆赵相国有"六洞灵山"诸刻，岂即是耶？竟未悉知晓而卧。

【注释】

①避秦：桃花源中的人为避秦祸至桃花源隐居，过着与世隔绝的生活。

②飞白：即书法中之飞白体，笔画枯槁而中多空白。

③姥：老妇人。

④庋：置放。

⑤要之：即对以上描述之景进行总结、提要。

⑥麈：拂尘。

⑦晋人桃源不是过：晋人所说的桃花源也不能超过此。

【原文】

十一日　平明起，僧已出。余过前殿，读黄贞父碑，始知所称"六洞"者，以金华之"三洞"与此中之"三洞"，总而得六也。出殿，则赵相国之祠正当其前，有崇楼杰阁，集、记中所称灵洞山房者是也。余艳之久矣，今竟以不意得之，山果灵于作合人工造作耶！乃不待晨餐，与静闻从寺后蹑磴北上，先寻白云洞。

一里，至岭头，逾岭而北，岭凹忽盘旋下洼如盂磐。披莽从之，一洞岈然，下坠深黑。忽有樵者过顶上，仰而问之，曰："白云尚在此，此洞窗也。"乃复上，北行。两山夹中又回环而成一洼，大且百丈，深数十丈，螺旋而下，而中竟无水。（倘置水其中，即仙游鲤湖矣。）然既无水，余所见山顶四环而无隙泻者，仅此也，又下，从岐左西转山夹，则白云洞在焉。洞门北向，门顶一石横裂成梁，架于其前，从洞仰视，宛然鹊桥之横空也。入洞，转而左，渐下渐黑，有门穹然，内若甚深，外有石屏遥峙。从黑暗中以杖探地而入数十步，洞愈宽广，第①无灯炬，四顾无所见，乃返步而出。出至穹门之内，初入黑甚者，至此光定，已历历可睹。乃复转屏出洞，逾岭而还。饭而出寺，仍旧路西下，二里至洪桥。未渡，复从桥左人居后半里上紫云洞。洞门西向，洞既高亢，上下平整。中有垂柱四五枚，分门列户，界为内外两重。（琼窗翠崿，处处皆是，亦敞亦奥，肤色俱胜。）洞之北隅复通一奥，宛转深入，以无炬而返。下渡洪桥，循涧而东，山石半削，髡②为危壁。其下石窑柴积，纵横塞路，即夜来无问津处也。渡石梁，水源洞即在其侧。洞门南向，正跨涧上。洞口垂石缤纷，中有一柱，自下属上，若擎之而起。（其上嵌空纷纶，复辟一窦，幻作海蜃状。）洞内上下分二层。下层即水洞所从出，洞水已涸，出洞数步，即有水溢于涧中，盖为水碓③引出洞侧也。上层由洞门蹑蹬而上，渐入渐下，既下而空广愈觉无极，闻水声甚远，以无炬不及穷。

出坐洞口（擎柱内，观石态古幻。）念两日之间，于金华得四洞，于兰溪又得四洞，昔以六洞凑灵，余且以八洞尽胜，安得不就此一为殿最④！双龙第一，水源第二，讲堂第三，紫霞第四，朝真第五，冰壶第六，白云第七，洞窗第八，此由金华八洞而等第之。若夫新城之墟，聿⑤有洞山，两洞齐启，左明右暗，明览云霞，暗分水陆，其中仙田每每，塍⑥叠波平，琼户重重，隘分窦转，以斯洞之有余，补洞窗之不足，法彼入此，当在双龙、水源之间，非他洞之所得侔⑦也。品第久之，始与静闻别洞源而去。过夜来问津之舂，循西岭出坞，西南行十五里，而达于兰溪之南关。

入旅肆，顾仆犹未饭，亟饭而觅舟。时因援师之北，方籍舟以待，而师久不至。忽有一舟自北来，亟附之，乃布舟也。其意犹未行，而籍舟者复至，乃刺舟五里，泊于横山头。

【注释】

①第：但是。

②毳：剃削。

③碓：石臼。

④一为殿最：分高下排名次。

⑤聿：助词，无实意。

⑥塍：田埂。

⑦侔：相等。

【原文】

十二日 平明发舟。二十里，溪之南为青草坑。时日已中，水涸

平明发舟

舟重，咫尺不前。又十五里，至裘家堰，舟人觅剥舟①同泊焉。是夜微雨，东风颇厉。

十三日 天明，云气复开。舟人起布一舱付剥舟，风已转利。二十里至胡镇，又二十里于龙游，日才下午。候换剥舟，遂泊。

【注释】

①剥舟：卸货船。

【原文】

十四日 天明，诸附舟者，以舟行迟滞，俱索舟价登陆去，舟轻且宽，虽迟，不以为恨也。早雾既收，远山四辟，但风稍转逆，不能驱帆上碛耳。四十五里，安仁。又十里，泊于杨村。是日共行五十五里，追及先行舟同泊，始知迟者不独此舟也。江清月皎，水天一空，觉此时万虑俱净，一身与村树人烟俱熔，彻成水晶一块，直是肤里无间，渣滓不留，满前皆飞跃也。

十五日 昧爽①，连上二滩。援师既撤，货舟涌下，而沙港涩隘，上下摧挤，前苦舟少，兹苦舟多。行路之难如此！十里，过漳树潭，至鸡鸣山。轻帆溯流，十五里至衢州，将及午矣。过浮桥，又南三里，遂西入常山溪口。风正帆悬，又二里，过花椒山，两岸橘绿枫丹，令人应接不暇。又十里，转而北行。又五里，为黄埠街。橘奴千树，筐篚满家，市橘之舟鳞次河下。余甫登买橘，舟贪风利，复挂帆而西。五里，日没。乘月十里，泊于沟溪滩之上。

十六日 旭日鲜朗，东风愈急。晨起，过焦堰，山回溪转，已在常山境上。盖西安多橘，常山多山。西安草木明艳，常山则山树黯然矣。溯流四十五里，过午抵常山，风帆之力也。登岸觅夫于东门。径城里许,出西门。十里,辛家铺,山径萧条,无一民舍。又五里,得荒舍数家,日已西沉,恐前无宿处,遂止其间。

【注释】

①昧爽:黎明。

江右游日记

【释题】

　　长江在芜湖、南京间作西南南、东北北流向，故自此以下的长江南岸地区称江东。我国古代习惯从北往南看，则东在左，西在右。江西省在江右，故江右即指今江西省。

　　徐霞客由浙江常山入江西，大致游程是玉山——上饶——弋阳——贵溪——金溪——建昌（今南城）——新城（今黎川）——南丰，回到建昌游麻姑山然后西游至宜黄——永丰——吉水抵吉安，游西园，西进至永新，北行游武功山，西入湖南。

　　此记重点描绘的有以下几处：

　　弋阳的龟岩。此山奇峰甚多，山势连绵，老人、罗汉、净瓶、观音诸峰无不高峻挺拔，最奇为龟峰、双剑峰。此山一共有32峰，皆峭不可攀，而中峰巨石形如龟，故叫龟峰，至今也是旅游胜地。其余诸峰，作者于记中多一一记叙，各显奇妙之处。

　　贵溪之象山胜景。此地有宋理学家陆象山（九渊）之遗迹，故此地人文景观也可堪一书。此山五面峰之一线天为最佳处。另有小隐岩、朝真宫等胜景，其间飞瀑石桥，空山修林，极幽极美。

　　建昌麻姑山。麻姑山以水称奇，以水为胜，其瀑布有五级之多，而每一级各显其奇。建昌还有飞鳌峰，其中风物、自然景观也颇使人流连。

　　吉安永新之梅田洞山，该山山麓有洞穴数个，其洞中结构层叠错落，洞中有洞，其形万状。徐霞客游此洞，曲尽其妙，此山有洞四个，徐尽游之。

本书选取了其中较为精彩的龟岩、象山、梅田洞三处游记。

游龟山日记

【原文】

复循外岭东行，南转二里，直披寨顶之后，是为棋盘石。一大石穹立谷中，上平如砥，镌其四旁，可踞可憩。想其地昔有考槃，今成关莽，未必神仙之遗也。其西南为朝帽峰，西北为寨顶，盖即围屏峰之后也。其外峰一支，自朝帽峰下复环而北，又成一谷，但其山俱参差环立，不复如内二支俱石骨削成者矣。此东外谷之第二层也。

寨顶、朝帽之间，峰脊度处，一石南向而立，高数十丈，孤悬峰头，俨若翁仲，或称为接引峰，或称为石人峰。从棋盘石望之不觉神飞，疑从此可跻绝顶，遂披棘直穷岭下，则悬崖削石，无可攀跻也。仍从旧路至狮峰，过香盒峰，登灵芝峰，望天柱、狗儿二峰，直立北谷中。盖展旗与其北一峰又环成一谷，此北外谷也。

既而从展旗之西南，直东上其巅。东南眺朝帽峰之东，又分立一石，亦如接引，而接引则隐不可见。南眺叠龟、双剑，俱若一壁回环，无复寸隙也。下峰，从夹栈西山，循潭外南行，出双鳌、明星、含龟之后，东视三峰，其背俱垂土可上。舍而更南，东入即水帘之径，逾叠龟、双剑，即下振衣谷中之道也。更舍而南，见有道东上，知为寨顶无疑矣。贾勇而登，二里，西视叠龟、双剑（已在足下，始知已出水帘上。下视谷中，三面回环如玦[①]，惟北面正对

龟山

徐霞客游记

一四三

龟峰、双剑，）其西有隙可通，然掩映不见所从。此南外谷之第一层也。

循崖端再上，已而舍左从右，则见东南冈上，乱石涌起，有若双芝骈立，盘大茎小，下复并蒂，中有穿孔，其上飞舞成形，应接不暇。又上一里，既登一顶，复舍右从左，穿石隙而上，转而东南行，其顶更穹然也。其北复另起一顶，两顶夹而成峡，东南始于过脊，西北溢于水帘，山遂剖为两界，而过脊之度其东南者，一石如梁，横两顶之间，梁尽而轰崖削起，决无登理。踞脊上回瞰南谷，崩陨直下，不见其底，但见东西对崖，悬岚倒翠，不知从何而入。此南外谷之第二层也。

久之，觅路欲返，忽见峡北之顶，有石如凿级自峡中直上者，因详视峡南石上，亦复有级如之，始知其路不从脊而从峡也。盖其寨为昔人盘踞之处，故梯险凿空，今路为草没，而石迹未泯②。遂循级北下峡中，复自峡攀级北上，一里，复东登再高处，极其东南，则恍与接引比肩，朝帽觌③面矣。惟朝帽东离立之石，自隐不见，而朝帽则四面孤悬，必无可登。而接引之界于其中者，已立悬脊之上，两旁俱轰石错块，不特不仅仅是下不能上，即上亦不能下。其北下之谷即棋盘，其南下之谷即朝帽南来之脉所环而成者，亦不知其从何而入。此南外谷之第三层也。

（独西无外谷。乃绝顶之北，东分为围屏、城垛，西分为鹦口；然其异，下仰则穹然见奇，上瞰反窅④绝难尽也。）时日色已暮，从绝顶四里下山。东向入至双剑、叠龟之下，见有路可入水帘洞，第昏黑莫辨，亟逾岭入方丈焉。

二十二日　晨起，为贯心书《五缘诗》及《龟峰》五言二首、

《赠别》七言一首。晨餐后，复逾振衣台，上至叠龟峰之下，再穿一线而东，复北过四声谷。盖四声谷之壁，有一隙东南向，内皆大石叠架，若累级悬梯，便成楼阁，可通西北。而出其西北为摩尼洞，正下临方丈，平挹观音、净瓶、狮子诸峰。遂下岭，西南循外谷入水帘洞。其处三面环崖，回亘自天，而北与龟、剑二峰为对，泉从崖东飘坠，飞珠卷雪，为此中绝胜。（盖龟峰峦嶂之奇，雁宕所无，但讪屈曲水观耳。此谷独飞珠卷雪，在深谷尤异。但其洞虽与泉对，而洼伏崖末为恨。顾其危崖四合，已可名洞，不必以一窟标举也。时朔风舞泉，游漾乘空，声影俱异。霁色忽开，日采丽崖光水，）徘徊不能去离开。久之，再饭于寺，别贯心行。

仍从崖栈西出，十里，排前。五里，过状元桥北之分路亭，其南路乃由桥而至黄源窑者，从其西行十五里至留口，暮涉其溪。溪西即为贵溪界，其溪自黄源来，至此入大溪，而市肆俱在溪西，乃投宿焉。自排前至留口，回望龟峰，只见朝帽峰俨若一羊角插天，此西向之望也，与弋阳东面之望不殊纤毫，第此处转见一石人亭亭在旁更为异耳。

【注释】

①玦：环形古玉器，一面有开口。

②泐：裂开。

③觌：相见。

④窅：深远。

游象山日记

【原文】

二十三日　晨起，渡大溪之北，复西向行，八里，将至贵溪城，忽见溪南一桥门架空，以为城门与卷梁皆无此高跨之理。执途人而问之，知为仙人桥，乃石架两山间，非砖砌所成也。大异之，即欲渡，无梁。亟趋二里，入贵溪东关二里至玉井头，觅静闻于逆旅，犹未晨餐也。亟索饭，同出西南门，渡溪而南即建昌道矣。为定车一辆，期明晨早发，即东向欲赴仙桥。逆旅主人舒龙山曰："此中南山之胜非一。由正南门而过中坊渡一里，即为象山，又名挂榜山，乃陆象山①之遗迹也，仰止亭在焉。其西南二里为五面峰，上有佛宇，峰下有一线天，亦此中之最胜也。其南一里为西华山，则环亘而上，俱仙庐之所托矣。其北二里为小隐岩，即旧名打虎岩者也。出小隐二里为仙桥，乃悬空架壑而成者。此溪南诸胜之概也。然五面峰之西，即有溪自南而北入大溪，此中无渡舟，必仍北渡而再渡中坊。"予时已勃勃兴趣勃勃，兴不可转，遂令龙山归而问道于路隅。于是南经张真人墓。碑乃元时敕赵松雪撰而书者，刓②山为壁，环碑于中。又一里，越一小桥，由旁岐东向溪，溪流直逼五面峰下。盖此溪发源于江湖山，自花桥而下即通舟楫船只，六十里，西北至罗塘，又二十里至此，人溪为通闽间道，其所北转皆纸炭之类也。适有两舟舣③溪畔，而无舟人。旋有一人至，呼之渡，辄为刺舟用力划船。过溪而东一里，由峰西北入其隘中，始知其山皆石崖盘峙，中剖而开，并夹而起，远近不一，离立同形。随路抵穹岩之下，拾级而上，得一台，缀两崖如掌。其南下之级，直垂涧底。其西上之级，直绕山巅。余意南下者为一线天，西上者为五面峰也。先跻峰，攀磴里许而至绝顶，则南瞰西华，东瞰夹壁，西瞰南溪，北瞰城邑，皆在指顾。然山雨忽来，僧人留点，踉跄下山。复从前磴南下一线天，则两崖并夹而上，直南即从峰顶下剖者，是为直峡。路至夹中忽转而东，穿坠石之隙，复得横峡。俱上下壁立，曲直线分，抵东而复出一坞，若非复人世矣。由坞而南，望两崖穿岩盘窦，往往到处而是。最南抵西华，以已从五面峰瞰视，遂不复登。

仍转出一线天，北逾一岭，二里，转而东，入小隐岩。岩亦一山东西环转，南连北豁，皆上穹下逊，裂成平窍，（可庐而憩。）岩后有宋人洪驹父书云：“宣和某年由徐岩而上，二里，复得射虎岩。”余忆徐岩之名，前由弋阳舟中已知其为余家物，而至此忽忘不及觉，壁间书若为提撕提醒者，亟出岩询之，无一能知其处。已而再闻有称峨嵋，在小隐东南三里者，余意其为徐岩之更名也，亟从之。遂由罗塘之大道，过一岭，始北转入山，竹树深蒨④，岩石高穹。但为释人⑤架屋叠墙，无复本来面目，且知其非徐岩也。甫欲下，雨复大至，时已过午，遂饭岩中。既饭，雨止。问仙桥之道，适有一知者曰：“此有间道。循山而东，穿坞北去，四里可至。”从之。路甚荒僻，或隐或现，或岐而东西无定，几成迷津。久之逾一山，忽见蛮⑥然高驾者，甚近也。及下谷而趋，复茫不可得，盖望之虽近，而隔崖分坞，转盼易向，猝不易遇矣。既而直抵其下，盖一石高跨峰凹，上环如卷，中辟成门，两端石盘下柱，梁面平整如台，正如砌造而成。梁之东，可循崖而登其上。梁之西，有一石相去三丈余，轰踞其旁，若人之坐守者然。余先至桥下，仰视其顶，高穹圆整不啻数十丈。及登步其上，修广平直，驾虹役鹊之巧，恐不迨⑦至此也。从其西二里，将抵象山，问所云徐岩，终不可得。后遇一老翁曰：“余舍后南入即是。旧名徐岩，今为朝真宫，乃鬼谷修道处，今荒没矣。非明晨不可觅，今已暮，姑过而问象山可也。”

余以明晨将发，遂强静闻南望一山峡而入。始犹有路，渐入渐灭，两崖甚深。不顾莽刺，直穷其底，则石夹尽处，隘不容足。时渐昏黑，踯躅荆刺中，出谷已不辨路矣，盖此乃象山东之第三坞也。望其西又有一坞，入之不得路。时闻人声高呼，既久，知路在西，乃得入。则谷左高崖盘亘，一入即有深岩，外垂飞瀑。二僧俱新至托宿，问之，亦不知其为徐岩与否，当即所称朝真宫矣。此乃象山东之第二层也。从暗中出，复西而南寻象山，其地虽暗而路可循，两崖前突，中坞不深而峻，当其中有坊峙焉。其内有堂两重，祠位在前而室圮，后则未圮而中空。穿而入，闻崖间人语声，亟蹑级寻之，有户依岩窦间，一人持火出，乃守祠杨姓者，引余从崖右登仰止亭。亭高悬崖际，嵌空环映，仰高峰而俯幽壑，令人徙倚留连忘返。杨姓者以昏黑既久，街鼓已动，恐舟渡无人，暗中扶即陪伴余二里，送至中坊渡头。为余言，其父年已八十有八，尚健唊⑥而善饭，盖孝而有礼者云。呼隔溪渡舟，渡入南关，里余，抵舒肆而宿。

　　是游也，从壁间而得徐岩之名，从昏黑而遍三谷之迹，溪南诸胜一览无余，而仙桥、一线二奇，又可以冠生平者，不独为此中之最也。

【注释】

①陆象山：宋代著名理学家陆九渊。

②刳：剖开。

③舣：停靠。

④蓓：草盛之状。

⑤释人：佛教徒，僧尼。

⑥蛋：通"拱"。

⑦追：及。

⑧啖：吃。

游梅田洞日记

【原文】

二十九日 昧爽行。二十里，桥面上旧有桥跨溪南北，今已圮，惟乱石堆截溪流。又五里为还古。望溪南大山横亘，下有二小峰拔地兀立，心觉其奇。问之，舟人曰："高山名义山，土人所谓上天梁也，虽大而无奇。小峰曰梅田洞，洞即在山之麓。"余夙慕梅田之胜，亟索饭登涯，令舟子随舟候于永新。余用静闻由还古南行五里，至梅田山下，则峰皆丛石耸叠，（无纤土蒙翳其间，真亭亭出水莲也。）山麓有龙姓者居之。东向者三洞，北向者一洞，惟东北一角山石完好，而东南洞尽处与西北诸面，俱为烧灰者。铁削火淬，玲珑之质，十去其七矣。

东向第一洞，在穹崖下，洞左一突石障其侧。由洞门入，穹然而高，十数丈后，洞顶忽盘空而起，四围俱削壁下垂，如悬帛万丈，牵绡回幄①，从天而下者。其上复嘘窦嵌空②，结蜃成阁，中有一窍直透山顶，天光直落洞底，日影斜射上层，仰而望之，若有仙灵游戏其上者，恨无十丈梯，凌空置身其间也。由此北入，左右俱有旋螺之室，透瓣之门，伏兽垂幢，不可枚举。而正洞垂门五重，第三重有柱中擎，剖门为二：正门在左，直透洞光。旁门在右，暗中由别窦入，至第四门之内而合。再入至第五门，约已半里，而洞门穹直，光犹遥射。至此路忽转左，再入一门，黑暗一无所睹，但觉空洞之声，比明处更宏远耳。欲出索炬再入，既还步，所睹比入时更显，垂乳列柱，种种满前，应接不暇，不自觉其足之不前也。洞之南不十步，又得一洞，亦直北而入，最后亦转而左，即昏黑不可辨，较之第一洞，正具体而微，然洞中瑰异宏丽之状，十不及一二也。既出，见洞之右壁，一隙岈然若门。侧身而入，其门高五六尺，而阔仅尺五，上下二旁，方正如从绳挈矩③而槛桔④之形，宛然斫削而成者。其内石色亦与外洞殊异，圆窦如月，侧隙如圭，玲珑曲折，止可蛇游猿倒而入。有风蓬蓬然从圆窦出，而忽昏黑一无所见，乃蛇退而返。出洞而南，不十步，再得第三洞，则穹然两门，一东向，一南向，名合掌洞。中亦穹然明朗。初直北入，既而转右。转处有石柱洁白如削玉，上垂而为宝盖，绡围珠络，形甚瑰异。从此东折，渐昏黑，两旁壁亦渐狭，而其上甚高，亦以无火故，不能烛其上层，而下则狭者复渐低，不能容身而出。自是而南，凌空飞云之石，俱受大斧烈焰之剥肤矣。

仍从山下转而北，见其耸峭之胜，而四顾俱无径路。仍过东北龙氏居，折而西，遇一人引入后洞。是洞在山之北，甫入洞，亦有一洞窍上透山顶，其内直南入，亦高穹明敞。当洞之中，一石柱斜骞于内，作曲折之状，曰石树。其下有石棋盘，上有数圆子如未收者，俗谓"棋残子未收"。后更有平突如牛心、如马肺者，有下昂首而上、上垂乳而下者，欲接而又不接者。其内西转，云可通前洞而出，以黑暗无灯，且无导者，姑出洞外。

时连游四洞，日已下舂，既不及觅炬再入，而洞外石片嶙峋，又觉空中浮动，益无暇俯幽抉閟矣⑤。遂与静闻由石瓣中攀崖蹈隙而上，下瞰诸悬石，若削若缀，静闻心动不能从，而山下居人亦群呼无路不可登。余犹宛转峰头，与静闻各踞一石，出所携胡饼啖之，度已日暮，不及觅炊所也。既而下山，则山之西北隅，其焚削之惨，与东南无异矣。

乃西过一涧，五里，入西山。循水口而入，又二里，登将军坳，又二里下至西岭角，遂从大道西南行。五里，则大溪自南而来，绕永新城东北而去，有浮桥横架其上，过桥即永新之东关矣。时余舟自还古转而北去，乃折而南，迂曲甚多，且溯流逆上，尚不能至，乃入游城中，抵暮乃出，舟已泊浮桥下矣。

【注释】

①牵绡回幄：形容石壁像牵拉缠绕的布幔一般。

②嘘窦嵌空：有洞穴在半壁敞开。

③从绳挈矩：指合规矩。

④槛桔：指洞门槛栏。

⑤阒：闭，此句意即无暇游览那些幽闭的景色。

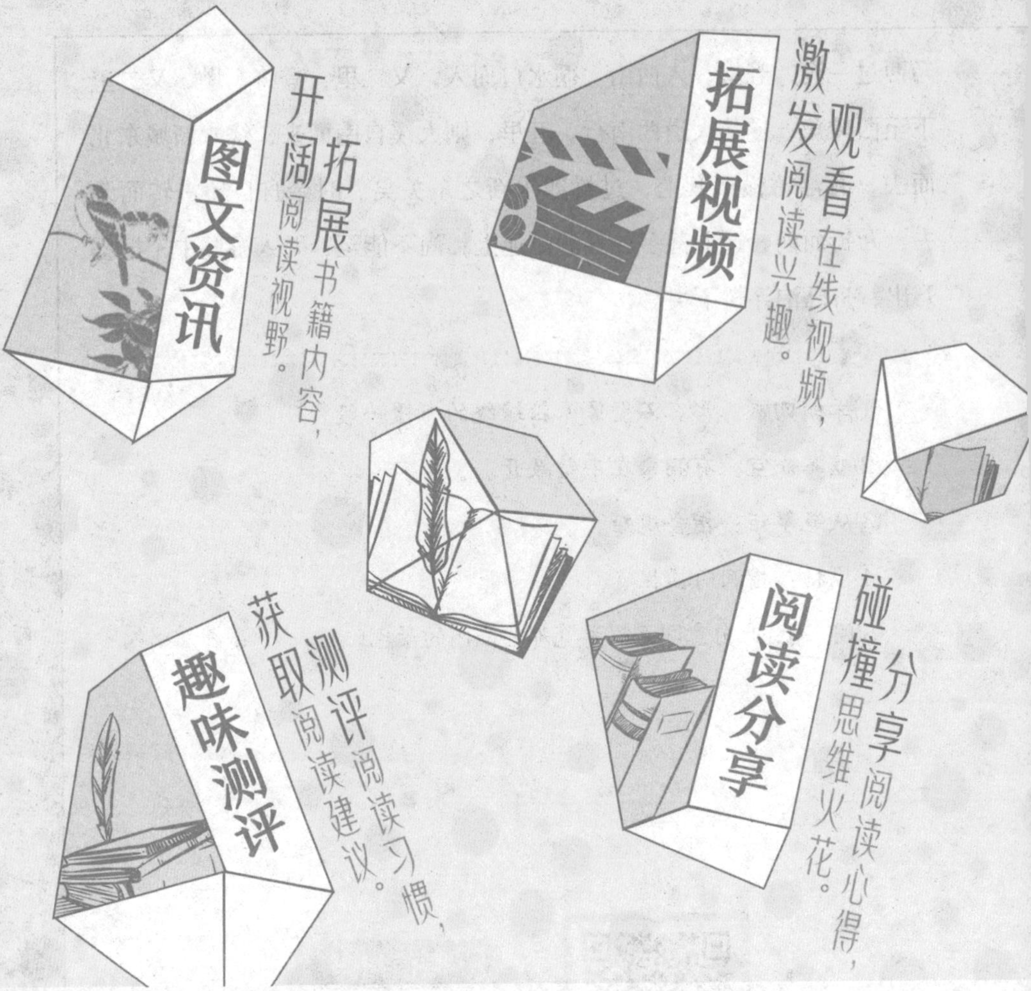
图文资讯
拓展书籍内容，开阔阅读视野。
拓展视频
观看在线视频，激发阅读兴趣。
趣味测评
测评阅读习惯，获取阅读建议。
阅读分享
分享阅读心得，碰撞思维火花。